発音と文法のしくみを楽しく学ぶ

タイ語の耳

[新版]

山田 均

白水社

タイ語の音を聴いてみよう！

DLマークの音声を以下の白水社ホームページから無料でダウンロードできます。

https://www.hakusuisha.co.jp/book/b616350.html

吹込者：宮里シリポーン/チャッチャイ ヤチャンター

装画　いとう瞳
装丁　森デザイン室

まえがき

　タイ語世界にようこそ！　この本を手にされている皆さんは，なんとタイ語をやろうとまで決心されたのですから，これはもう相当にタイに惚れこんだ方々にちがいないと謹んで推察いたします．ま，それならそれで話は早い．実はかく言う私もタイに惚れこんで 40 年以上．つまりはタイ好きのあなたの友だちであり，兄貴分であると思っていただいてまず間違いのないところ．つまり，この本はあなたの友だちである筋金入りのタイ好きが，ちび筆をなめつつ，タイの街かどを思いおこしてはボンヤリし，屋台のトリ飯を思ってはつばを飲みこみつつ，なけなしのウンチクを傾けて書いたものだということを心得ていただきたい．えらい学者が深い学識を背景に著されたしかるべき本は別にありますから，間違えて買わないよう注意してくださいね．

　さて，タイの魅力については，皆さん，もうとっくにお気づきでしょう．つまり，人がいい街がいいとか，空気がここちいい（排気ガスがうまいという意味ではないですよ）とか，要するに何だかよくわからんが気に入ったと，そういうことだと思います．まったく同感です．そのとおりですね．しかし，私にもうひとつタイの大きな魅力を言わせてもらえば，それはまさに言葉の魅力，タイ語の魅力に他なりません．彩りの豊かな，心がそのまま音になって飛び出てきたようなタイ語は，タイ人によって話されつつ，タイ人をつくってきたのだと思います．また，なぜか居心地のよい街の空気も，タイ語をつくりだし，同時にタイ語によってつくられてきたものです．タイとタイ語は，一枚の紙の裏表のようなもので分けて考えられません．ゆえにタイの魅力に気づかれた方々が，今，こうしてタイ語の入門書を手にしておられるというのは，まことに深い意味のある，当然のなりゆきであって，言わば水の高きより低きに流れるがごときものであります．

では，これからタイ語を学ぶということは，タイに惚れこんだ皆さんの心に対して，どのように作用するのでしょうか．あるいは作用しないのでしょうか．結論を言えば，これは大いに作用します．つまり，タイ語を学ぶと，タイがますます好きになって，タイが頭の中にも心にもしみわたるのです．しっかりとしみこむとどうなるか．もう飛行機なんかに乗る必要がなくなる．タイ語を口にした瞬間，タイはあなたのところへ来ているようになります．タイ語の音とともに常にタイの街はあなたの前にあります．これは近ごろ何かと高くなった飛行機代の節約になる．楽しみでしょ．

　この本が，皆様のお役に立てることを祈っております．

2006 年夏

著　者

　新版に際して，何かめあたらしいことを書いてみようとも思いましたが，私の気持ちはまったく変わっていないので，そのままにいたします．皆様のタイ語運が隆盛でありますように．

2022 年夏

著　者

目　次

5

6

はじめに（この本の使い方）

　この本は発音記号のみを使ったタイ語の入門書です．入門書として次の3つの目的をもっています．

　第一の目的は，音組織をはっきりと把握することです．音はことばを形づくるもっとも根本の要素であり，音をはなれては語彙も文法もありません．タイ語の習得もまず，どのような音があり，どのような口の動きと調子があり，それらがどのように結びついているのかをきちんと把握して，それをコツコツと練習することから始めましょう．楽器の練習が地道なスケール練習から始まり，スポーツが基本動作の反復練習から始まるようなものです．タイ語の音は多様で，結びつきも複雑で，日本語にはない要素を含んでいます．それだけにタイ語の音の練習は面白く，ゆたかです．

　第二の目的は，文法の原理を理解することです．単語からひとつの文を作るまでのルールがつまり文法です．タイ語の文法は，ルールにしたがって単語を並べるということにつき，その原則はこれ以上ないほど，シンプルです．世の中にはずいぶん複雑な文法組織をもつ言語もあるなか，これほどシンプルでありながら，すべてのことを十分に言い表わせるということに，ことばの不思議を感じてしまうのはわたしだけではないでしょう．音組織が多様で複雑な華やかさをもっているのと反対に，文法はその単純明解な美しさが魅力です．

　第三の目的は，基本的な表現力を養うことです．いくら正確な発音を身につけ，文法の原理を理解しても，それだけでは実際の表現力とはなりません．単語とその使い方を知ってこそ，さまざまな表現が可能となるのです．この本では日常生活に必要な表現ができることを目標に，基本単語と

その使い方を紹介してあります.

　さて，タイ語はタイ文字によって書かれますが，はじめに述べたように，本書では学習の一段階として，発音記号のみを使って表記しています.　タイ語を発音記号で表わすのはパルゴワやブラッドレーなど，19世紀前半のキリスト教宣教師によって始められて以来，数々の先人による試みが積み重ねられてきました.　なかでも，Haasの辞書に用いられた発音記号は現在にも影響をもっています.　本書ではもっとも標準的で妥当性が高いと思われる松山納『タイ語辞典』（大学書林，1994）や冨田竹二郎『タイ日辞典』（養徳社，1987）の両書に用いられている発音記号を原則にしています.　ただしタイ語起源の熟語については，ハイフンでつないで，それが一語であることをわかりやすくしています.　それに対して，梵語（サンスクリット）やクメール語からの借用語など，もとから多音節語である場合は，原則として語の中にハイフンを入れずに続けて書いていますが，長い単語の場合，意味の切れ目にしたがって適宜ハイフンを入れました.

　この本で学ばれる方は，まずは発音に充分な時間をかけて練習され，次いで文法の原理の学習に進んでいただき，さらに折にふれ，発音の復習をされるようお勧めします.　また，基本表現とは基本語の用法にほかならないことをご理解され，新しい単語を積極的に自分のものとしていかれるようお願いします.

第 1 部

1 よく使う母音とよく使う子音

　タイ語はとても色彩ゆたかなことばです．色とりどりの音が重なりあい，響きあい，美しい世界を織りなしていきます．音はタイ語のいのちです．時間がかかってもかまいません，確実に学んでいきたいものです．まず，日本人にとって比較的やさしい母音10音と子音10種から練習しましょう．

◇母音

　発音の中心になるのは母音，つまり「唇，歯，舌，喉(のど)を使わずに，口の形だけで調える音」です．もちろん，人間の口は物理的には無限の音を発声することができますが，ひとつの言語のなかで，別の音として区別して使われる音は定まった数しかありません．母音は，物理的な意味での音ではなく，あくまで人間の認知上の音なのです．タイ語の母音は18音あります．

DL▶1

a	短く「ア」	aa	長く「アー」
i	唇を横に引いて「イ」	ii	唇を横に引いて「イー」
u	唇を前に突き出して「ウ」	uu	唇を前に突き出して「ウー」
e	唇を狭めにして「エ」	ee	唇を狭めにして「エー」
o	唇をまるめて「オ」	oo	唇をまるめて「オー」

日本語に近いようですね．しかし大きな差があります．母音の長・短が

はっきりしている点です．タイ語ではたとえばaとaaは別な音としてとらえられています．ひとつの音が長くなった，いわば兄弟の音なのではなく，aとiiと同じように，全く別の音なのです．短い母音は［ア］，長い母音は［アー］と，明確に別な音として発音しましょう．

　もうひとつ，日本人の大弱点が含まれています．それは，uとuuを発音するときに，唇の突き出し方が弱いという点です．日本人の［ウ］にはかなりあいまいな音も含まれており，タイ人の耳にはuとして認識されないことが少なくありません．語頭にくるときはもちろん，語中にあっても，しっかり口を突き出して発音してください．

◇子音

　タイ語の子音，つまり「唇，歯，舌，喉の動き」は全部で20種類ほどあります．ここではその中から日本人に発音しやすい10種をえらんで練習します．母音aaをつけて発音してみましょう．

DL▶2

kh	カ行です	ch	チャ行です
d	ダ行です	t	タ行です
n	ナ行です	b	バ行です
m	マ行です	y	ヤ行です
l	ラ行です	p	パ行です

　どれも日本語に近いものです．kh，chのようにhがついているものは，有気音といって，強く息を出して発音するものです．日本語で「カナダ」「ちゃんこ鍋」などという時の［カ］［チャ］を思い出してください．

　また，子音は口の動きですので，それだけでは音として聞こえません．

11

母音と結合してはじめて意識されるものです．母音と結ぶなかで，次のものについてはちょっと注意が必要です．

di/dii	「ヂ」「ヂー」「ジ」「ジー」ではなく［ディ］［ディー］
ti/tii	「チ」「チー」ではなく［ティ］［ティー］
yi/yii	［イ］と［ジ］の中間くらいの音．［イー］と言いながら，舌先を下の歯の根元につけたまま，舌の背中を口の天井に近づけていくと［ジ］になりますが，その少し前でとめて，舌と口の天井との間に摩擦をもたせます．

♪♪♪　次の単語を発音してみましょう．　　　　　　　　　**DL▶3**

1	aa	（父方の）叔父・叔母	2	naa	田んぼ
3	dii	よい	4	yaa	薬
5	chaa	お茶	6	mii	持っている
7	maa	来る	8	tii	打つ
9	taa	目，（母方の）祖父	10	puu	カニ
11	maalii	マーリー（女性の名）			
12	deechaa	デーチャー（男性の名）			

　母音を発音する時には，必ず喉の奥が一瞬ひきしぼられ，それを開放する動作が伴います．これも立派な子音で，通常［ʔ］の記号で表わしますが，あまりに煩雑になってしまうのでここでは特に書くことをしません．

2 すこし難しい母音と子音

　続いて，すこし難しい母音と子音について練習してみましょう．難しい音というのは，わたしたち日本人にとって，日本語にない音であったり，区別されない音なのです．初心のうちはよくわからない音をカタカナでとらえて，自分なりに発音してしまいがちですが，それでは本当の音を覚えることができず，相手に通じなくなってしまいます．ここはひとつカタカナ抜きで，あいまいな母音を正しくあいまいなまま覚え，発音する練習をしましょう．

DL▶4

ɯ　　唇を横にひいたまま「ウ」

ɯɯ　　唇を横にひいたまま「ウー」

ɛ　　「ア」というように口を開いて「エ」

ɛɛ　　「ア」というように口を開いたまま「エー」

ɔ　　唇を大きくまるく開き，口の中もできるだけまるくして「オ」

ɔɔ　　唇を大きくまるく開いて「オー」

ə　　唇を「エ」のかたちに開いて「ウ」

əə　　唇を「エ」のかたちに開いたまま「ウー」

　どれもカタカナでは書ききれない変な音ですね．くりかえすようですが，カタカナで書きなおしたりせず，変な音のまま覚えるようにしてください．

わたしたちが近いと感じる母音を並べて聞き，同じように発音できるように練習してみてください．

DL▶5

1 u / uu → ʉ / ʉʉ → ə / əə   2 e / ee → ɛ / ɛɛ
3 o / oo → ɔ / ɔɔ

わたしたちが近いと感じるだけで，タイの人の耳にはまったく別の母音に聞こえています．すぐに発音できなくてもしかたがありませんが，あくまでも別の音であると強く意識して練習してください．

次に残りの，ちょっと難しい子音を練習します．すでに前の課でいったように，子音は「口の動き」ですからそれだけでは音として聞こえません．で，前の課ではaaをつけて示したのですが，伝統的にはタイ語で子音を示すときには，母音ɔɔをつけて示しますので，これからはɔɔをつけて録音してあります．

DL▶6

k   息の出ないカ行です．「ガッコウ」の「コウ」のように発音します．

ŋ   鼻に抜けるガ行です．「オンガク」の「ガ」のように発音します．

c   息の出ないチャ行です．「ヂャ」のようにも聞こえます．

th   息を強く出したタ行です．

ph   息を強く出したパ行です．「パパ」の後ろの「パ」の音のようです．

f   上の前歯を下唇に軽く触れて出すファ行です．

r   舌を巻くラ行です．

w   上下の唇で風の摩擦を感じるワ行です．

s   サ行ですが，母音 i, ii と結ぶと「スィ」「スィー」のように発音します．

h   ハ行です．

14

息を出す子音「有気音」に対して，息を出さない子音を「無気音」とよび，タイ語でははっきりと別の音として認知されます．次の音の組みを聞き比べてください．左側が「無気音」，右側が「有気音」です．

DL▶7

1　kɔɔ / khɔɔ　　　2　cɔɔ / chɔɔ
3　tɔɔ / thɔɔ　　　4　pɔɔ / phɔɔ

♪♪♪　次の単語を発音してみましょう． DL▶8

1	cəə	出会う，見つける	2	rɔɔ	待つ
3	kaa	カラス	4	khɯɯ	すなわち
5	εε	エアコン	6	ŋuu	ヘビ
7	phɔɔ	十分な	8	thaa	塗る
9	ruu	穴	10	thee	注ぐ
11	ŋεε-ŋεε	エーンエーン（と泣く）	12	fuu	ふくれあがる

タイ語福袋　naa

　この本ではタイの暮らしに近しい単語からあげています．いろいろと考えてみましたが，何といってもnaa（田んぼ）の右に出る単語はないのではないかと思います．タイ語で書かれたもっとも古い文章である「ラームカムヘン王第一碑文」（13世紀）にも，スコータイの都を「田には米，水には魚」と言って讃えています．広々した田んぼはタイの豊かさそのものなのです．スコータイと同じころにチェンマイに建てられたラーンナー王朝もラーン（百万の）ナー（田んぼ）という名前で，これまた田んぼが豊かさの表象として出てきます．田んぼの広がる美しい風景こそがタイの暮らしのおおもとです．

15

3　タイ語の文をつくる三原則

　タイ語は語を並べることによって文を作る言語です．語は，ひとつの単語だけでできている場合も，いくつかの単語を組み合わせた熟語になっている場合もありますが，いずれにせよ，語尾変化を行なうことはまったくありません．複数形も過去形も，未来形もありません．タイ語の文は，語を並べることのみによってできるのであり，タイ語の文法とは，つまり語順のことです．

　ここでは，タイ語文法の核となる語順三原則を学びます．

(1) 主部—述部

　およそ文は，「…は」「…が」というように話の主題をあげる部分［主部］と，それについて「どうである」「どうした」「ああではない」というように述べる部分［述部］からなっています．

　タイ語では，主部「…は」「…が」が述部「どうした」「こうした」の先に来ます．

　　　馬—走る「馬が走る」　　　顔—広い「顔が広い」

　主部の中心となる語を［主語］，述部の中心となる語を［述語］といいます．タイ語では，主語は文の主題なのであって，述語の主体なのではありません．英語とは根本的にちがう部分です．

16

チャーハン─嫌い 「チャーハンは嫌いです」

　チャーハンは文の主題であって，述部（「嫌い」）の主体ではありません．
「嫌い」の主体は「私」（話し手，書き手）です．
　述部がそれ自体，主部と述部をそなえた文である場合もあります．

象─［鼻─長い］ 「象は鼻が長い」

　この場合も，原則どおりに並べれば大丈夫です．

(2) 動詞─目的語

　動詞の対象となる語［目的語］，日本語で「…を」にあたる語は，動詞
の後ろに置きます．

つかむ─うなぎ「うなぎをつかむ」　こする─ランプ「ランプをこする」

　日本語で「…に」にあたる語についても，動詞の対象ととらえて，目的
語としてあつかいます．

行く─チエンマイ 「チエンマイに行く」　なる─医者 「医者になる」

「…を」と「…に」をもつ文の場合，「…を」の方が先に来ます．

あげる─お金─先生 「先生にお金をあげる」
返す─本─友だち 「友だちに本を返す」

17

タイ語において，動詞―目的語の結合は非常に強力で，まるで一つの語になったように働きます．これを「動詞句」といいます．

　基本的に，［説明する語］は後ろに置きます．

①名詞―形容詞

　ここで便宜的に「形容詞」と書いたのは，事物の形状や動作のあり様を説明する語のことで，タイ語では英語にいうような形容詞（名詞を説明する語），副詞（動詞を説明する語）の区別はありません．説明する語は，前にある語（名詞であれ，動詞であれ）をその語がもっている意味で説明するのです．

　　山―大きい　　「大きい山」　　　　町―新しい　「新しい町」
　　カバン―この　「このカバン」

②動詞―形容詞

　　走る―速い　　　「速く走る」　　　　売る―高い　「高く売る」
　　話す―ゆっくり　「ゆっくり話す」

③名詞―名詞

　名詞が名詞を修飾する場合も，後ろの名詞が前の名詞を説明するのは，原則どおりです．

　　しっぽ―ネコ「ネコのしっぽ」　　　家―ぼく「ぼくの家」

先っぽ―ツノ―水牛―家―おじいさん―ぼく

　「ぼくのおじいさんの家の水牛のツノの先っぽ」

　3語以上の名詞を並べる場合も，基本的に原則どおりですが，あまり無闇につづけると，日本語で「…の…の…の」とつづけるのと同じように，わかりづらい悪文となります．

DL▶9

【練習1】次の文を聞いて発音し，日本語に訳してみましょう．

1　puu duu naalikaa　　＊duu　見る，naalikaa　時計

2　ŋuu laməə　　＊laməə　ねぼける

3　taa mii naa dii

4　theewadaa rɔɔ yaa　　＊theewadaa　天人

5　deechaa thee chaa

【練習2】単語を並べて文を作ってみましょう．

1　マーリーはカニを見ます．

2　海（thalee）のカニはねぼけます．

3　ヘビは海に来ます．

4　デーチャーのおじいさんは時間（weelaa）があります（→時間を持っている）．

5　天人はデーチャーのへそ（saduu）を見ます．

4　よく使う複合母音

2つ以上の母音を，途中で切らないで発音するものを複合母音といいます．タイ語の中にあらわれる複合母音は23種しかありません．ここではまず，よく使う複合母音9種をとりあげて練習してみましょう．

複合母音はどれも，はじめの母音を強く発音し，後ろの母音を添えるように発音します．また，長母音と短母音をはっきりと差をつけて発音するようにしてください．

DL▶10

ai 　最初のaを強く発音し，iを添えて，「アィ」という感じです．

aai 　最初のaaを強く発音し，iを添え，「アーィ」という感じです．

ɔɔi 　口をまるく開いたɔɔに注意してください．

aao 　aaに軽くoを添えて「アーォ」という感じです．

ɛɛo 　口を広く開いたɛɛに注意してください．

ia 　最初の母音iは長めにiiと発音します．「イーァ」という感じです．

ɰa 　最初の母音ɯは長くɯɯと発音します．口を横に引いて「ウーァ」という感じです．

ua 　最初のuは長くuuと発音します．口を前に突き出して「ウーァ」という感じです．

uai 　uaに軽くiを添えます．口を前に突き出して「ウーァィ」という感じです．

♪♪♪　次の単語を発音してみましょう.　　　　　　　　　**DL▶11**

1　mɛɛo　ネコ　　2　khɔɔi　待つ　　3　lia　なめる　　　4　thai　タイの

5　wua　牛　　　6　yaao　長い　　7　phaai　漕ぐ　　8　laai　文様

9　rɯa　舟　　　10　pai　行く　　11　bia　ビール

12　laao　ラオス(の)　　13　yaai　母の母　　14　mia　女房

15　ruai　お金持ちの. 富んだ

♪♪♪　多音節の単語もどうぞ.　　　　　　　　　　　**DL▶12**

1　ee-sia　アジア　　2　chaao-naa　農民　　3　cai-dii　やさしい

4　muai-thai　タイボクシング　　5　mɔɔ-təə-sai　バイク

【練習1】次の文の意味は何でしょう.　　　　　　　　**DL▶13**

1　mɛɛo thai lia bia

2　deechaa khɔɔi rɯa

3　wua pai laao

4　chaao-naa pai thalee

5　taa maalii mii mɔɔ-təə-sai

【練習2】単語を並べてタイ文を作ってみましょう.

1　ヘビの首（khɔɔ）は長い.

2　デーチャーの女房は金持ちだ.

3　マーリーは舟を漕ぐ.

4　タイの農民はやさしい.

5　おばあさんはタイ式ボクシングを見る.

21

疑問の名詞「何」はaraiといいます．araiをふつうの名詞と同じように並べるだけで，「何」を含んだ疑問文となります．疑問文となっても文末を上げて発音する必要はありません．

（例1）　taa　　duu　　muai　　　「祖父はボクシングを見る」
　　　　　祖父　　見る　　ボクシング
　　　　　↓

　　　　　taa　　duu　　arai　　　「祖父は何を見ますか」
　　　　　　　　　　　　何

（例2）　yaai　　cəə　　　ruu　　puu　　「祖母はカニの穴を見つける」
　　　　　祖母　　見つける　　穴　　カニ
　　　　　↓

　　　　　yaai　　cəə　　　ruu　　arai　　「祖母は何の穴を見つけますか」
　　　　　　　　　　　　　　　　何

【練習3】次の文の意味を言ってみましょう．　　　　　　　　　DL▶14
　1　theewadaa thai duu arai
　2　mii chaa arai
　3　maalii cəə puu arai

【練習4】次の文をタイ語にしてみましょう．
　1　タイの農民は何をなめますか．
　2　何をねぼけているの．
　3　おじいさんは何の薬を持っていますか．

22

5　ちょっとだけ頻度の低い複合母音

前の課にひきつづき，複合母音の残り14種を学んでいきます.

DL▶15

ɔi　口をまるく開いた「オ」を強く発音し，iを添えます. ［オィ］.

ooi　口を少し突き出すようにした「オー」にiを添えます. ［オーィ］.

əəi　「エ」の口をして「ウ」というəəにiを添えます. ［エーィ］と［ウーィ］
　　の間くらい.

ui　口を突き出して「ウ」といい，それにiを添えます. ［ウィ］.

iu　口をしっかり横に引いて「イ」といい,唇を出してuを添えます. ［イゥ］.

ao　最初のaを強く発音してからoを添えます. ［アォ］.

eo　口を狭く開けたeにoを添えます. ［エォ］.

eeo　口を狭くしたeeにoを添えます. ［エーォ］.

ɛo　口を大きく開いたɛにoを添えます. ［エォ］.

iao　iaに軽くoを添えて，［イーァォ］という感じです.

iaʔ　短く喉で止めて［イァッ］という感じ.

ɯaʔ　短く喉で止めて［ウァッ］という感じ. ɯは唇を横に引いてください.

ɯai　ɯaに軽くiを添えます. 口を横に引いて［ウーァィ］という感じです.

uaʔ　短く喉で止めて［ウワッ］という感じ. uは唇を前に突き出してください.

　最後にʔがついている3つの音は，母音を発声した後に，キュッと喉を
しめる動作がつくもので，正しく言えば複合母音ではありません. しかし

ここでは，表記法との関連から，複合母音のなかに入れて学びます．

♪♪♪　次の単語を発音してみましょう．　　　　　　　　**DL▶16**

1　ao　（選んで）とる　　2　tao　コンロ　　3　ləəi　通りすぎる

4　reo　速い　　　　　5　wiu　風景　　6　mao　酔う

7　rao　わたしたち　　8　bao　軽い

9　khamooi　どろぼう（する）　　10　kathəəi　おかまの人

＊ɔi, eeo, ɛo, iao, iaʔ, ɯaʔ, ɯai, uaʔ を使う語は，声調の関連で今，ここ
　で練習できるものがありません．

【練習1】　次のタイ文の意味を言ってみましょう．　　　**DL▶17**

1　ao chaa laao

2　kathəəi mao bia

3　duu wiu thalee

4　puu khamooi naalikaa

【練習2】　次の文をタイ文に訳してみましょう．

1　わたしたちは田んぼを通りすぎる．

2　デーチャーはコーヒー（kaafɛɛ）をとる．

3　マーリーは速く舟を漕ぐ．

4　わたしたちのおばあさんはコンロをもっている．

24

6　複合子音

　母音を発声する前後に行なわれる唇・歯・舌・喉の動作を子音といい，20種の別があることはすでに学びました（→11頁）．2つの動作をつづけて行なうものを複合子音といい，11種あります．タイ語には3つの動作をつづけて行なう複合子音はありません．母音ɔɔをつけて練習してみましょう．

DL▶18

kr　息の出ないkと舌を巻くr

khr　息の出るkhと舌を巻くr

kl　息の出ないkと舌を巻かないl

khl　息の出るkhと舌を巻かないl

　この4種はカタカナで書けばいずれも［クロー］となりますが，タイ語のなかでは厳しく別の音と認知されます．有気・無気の別，舌を巻く・巻かないの別に気をつけて発音してください．タイ人でも，2番目の子音（rとl）を非常に弱くしか発音しない人がいます．

tr　息の出ないtと舌を巻くr

　tが先立つ複合子音はこれだけです．thrもtlもありません．

pr　　息の出ない p と舌を巻く r

phr　　息の出る ph と舌を巻く r

pl　　息の出ない p と舌を巻かない l

phl　　息の出る ph と舌を巻かない l

　この4種はカタカナで書けばいずれも［プロー］．息や舌に注意して，まったく別の音として発音するようにしてください．

kw　　息の出ない k と唇の動き w

khw　　息の出る kh と唇の動き w

　「ク」と「ウォー」をひと息で発音するようにします．切ってはいけません．

♪♪♪　次の語を発音してみましょう．　　　　　　　　　　　**DL▶19**

1　khruu　先生　　2　khwaai　水牛　　3　plaa　魚　　4　klua　恐れる

5　klai　遠い　　6　traa　ハンコ　　7　khrua　台所　　8　klɯa　塩

9　pratuu　扉　　10　praisanii　郵便（局）

＊khl, phr, phl, kw, kr は今のところ練習できる単語がありません．

　疑問の名詞「誰」は khrai といいます．khrai を一般の名詞と同じように文中に並べるだけで，「誰」を含んだ疑問文を作ることができます．疑問文となっても文末を上げて発音する必要はありません．

（例）　yaai duu-lɛɛ khwaai taa　　「祖母が祖父の水牛を世話する」
　　　　祖母　世話する　　水牛　　祖父
　　　　　↓

　　　khrai duu-lɛɛ khwaai taa　　「誰が祖父の水牛を世話しますか」
　　　　誰

　　　yaai duu-lɛɛ khrai　　　　　「祖母は誰を世話しますか」

　　　yaai duu-lɛɛ khwaai khrai　「祖母は誰の水牛を世話しますか」

【練習】次の文をタイ語に訳してみましょう.

1　わたしたちは牛を怖がる.

2　誰の水牛がビールに酔っているのか.

3　ネコは遠くに行く.

4　おじいさんは郵便局に行く.

5　ヘビは先生のハンコを盗む.

タイ語福袋　puu と ŋuu

　単母音の**uu**は日本人にとってちょっと難しい母音です. つい口が平べったくなってしまって, とがったウの音になりません. puu もŋuu もタイの暮らしの中では欠かせないわき役だと言えそうです. どちらも田んぼに住んでいて, 昔からのお付き合いなのです. タイ人は生まれた時に「実名」と「呼び名」と二つの名前をもらいます. 呼び名はふだんの生活の中で使う名前で, puu もごくありふれたもののひとつです. 身近な動物の呼び名はちょっとうらやましいですが, ŋuu という呼び名の人は…いませんねえ.

7 声調──第2声と第3声

　声調とは声の調子，母音を発声するときの声の上がり下がりのことです．同じ「アー」と発音するのでも，「アー！　大変だ！」と言うときと，「ア～，疲れたヨ」と言うときとでは，だいぶちがって発音されるでしょう．これが声調です．タイ語では，ちがった声調で発音されると，まったくちがった音として認知されます．

　声調は5つのパターンがあり，それぞれ第1声，第2声，第3声，第4声，第5声と呼ばれています．第1声は，いままで学んできた単語がすべてそうであるように，比較的高い声で，平らに発音するものです．第1声をのぞいた残りの4声のなかで，本課では第2声と第3声を学びましょう．

　それぞれ，長母音 aa を例にとって説明します．

DL▶20

第1声　aa　高く，平らに発音します．これまで出てきた単語は全部，この調子で発音してください．第1声はとくに声調の記号をつけません．

第2声　àa　低く抑えた感じで，平らに発音します．

第3声　âa　高いところから，下にさげる感じで発音します．日本語で「ああ，そうですか」というときの「ああ」に似ています．

　＊声調記号をつける位置は，ここでは仮に前の母音の上につけましたが，適当でけっこうです．

この3つの声調のパターンを図で示せば次のようになります.

声調の練習はタイ語学習の大きなヤマ場です. 落ち着いて, 正確に発音
してください.

DL ▶ 21

♪♪♪　次の単語を発音してみましょう. 第2声の単語です.

1	kɛ̀ɛ	老いた	2	kài	ニワトリ	3	khài	卵
4	mài	新しい	5	lɔ̀ɔ	ハンサムな	6	tào	亀
7	yài	大きい	8	càai	支払う	9	sài	着る, 入れる
10	nùai	疲れた						

DL ▶ 22

♪♪♪　次の単語を発音してみましょう. 第3声の単語です.

1	phɔ̂ɔ	父	2	mɛ̂ɛ	母	3	khâao	ご飯
4	lâo	酒	5	chɯ̂ɯ	名前, …という名である			
6	prîao	すっぱい	7	phîi	年上のきょうだい	8	sɯ̂a	服
9	khâi	熱（体温）	10	khâa	価値, 価			

29

♪♪♪　　もう少し長い単語も発音してみましょう.　　　　　**DL▶23**

1　arɔ̀i　おいしい　　　　　2　bamìi　（小麦の）麺

3　phîi-chaai　兄　　　　　4　pai-thîao　遊びに行く

5　phamâa　ミャンマー　　　6　mɛ̂ɛ-mâai　未亡人

7　thâa-rɨa　船着き場　　　8　khâa-pratuu　入場料

9　khruu-yài　校長　　　　10　bùrìi　タバコ

【練習1】　次の文の意味を言ってみましょう.　　　　　**DL▶24**

1　mɛ̂ɛ chɨ̂ɨ arai

2　taa pai-thîao phamâa

3　aa sài sɨ̂a yài

4　deechaa pai thâa-rɨa mài

5　phɔ̂ɔ maalii lɔ̀ɔ

【練習2】　次の文をタイ語にしてみましょう.

1　校長は船着き場に行く.

2　兄は母の服を着る.

3　海ガメの卵はすっぱい.

4　未亡人は酒に酔う.

5　父は入場料を支払う.

30

8 否定文と逆接接続詞「しかし」と「も」

形容詞や動詞を否定するには，否定する語の前に mâi という語を置きます．

mâi + 動詞・形容詞 → 否定

例をあげてみます．

duu	見る	→	mâi duu	見ない
nùai	疲れる	→	mâi nùai	疲れない
prîao	すっぱい	→	mâi prîao	酸っぱくない
dii	よい	→	mâi dii	よくない

【練習1】発音して意味をつけてみましょう．　　　　　　　　　　**DL▶25**

1 mâi càai　　2 mâi ao　　3 mâi klua　　4 mâi sài

5 mâi yaao　　6 mâi yài　　7 mâi reo　　8 mâi pai-thîao

【練習2】タイ語に訳してみましょう．

1 わたしたちの先生は校長を恐れない．

2 わたしたちの小路（sɔɔi）は長くありません．

3 兄はミャンマーに遊びに行きません．

4 ラオスのおかまの人はやさしくありません．

5 マレーシア（maaleesia）の炒り卵（khài-ciao）はおいしくありません．

31

逆接の接続「しかし」「...だが，～」はtὲεです．日本語の「しかし」と同じように，2つの文や単語のあいだに置いて使います．

A tὲε B   Aだが B

AとBは文と文でも，語と語でも，語がいくつか結びついたもの同士でも大丈夫です．

【練習3】 次の文を発音して訳してみましょう．   DL▶26

1　phɔ̂ɔ deechaa lɔ́ɔ tὲε deechaa mâi lɔ́ɔ

2　khɔɔi rɯa tὲε mâi maa

3　mâi ruai tὲε cai-dii

4　mâi cəə khruu

5　mεεo deechaa mâi mii chɯ̯ɯ

「彼も行きます」「ぼくの妻も美しい」などと言うときの「も」はkɔ̂ɔです．短くkɔ̂と発音されることもあります．kɔ̂ɔは述部の先頭に置きます（述部については16頁を復習しましょう）．

【練習4】 次の文をゆっくりと発音してみましょう．   DL▶27

1　phɔ̂ɔ kɔ̂ɔ lɔ́ɔ　　phîi-chaai kɔ̂ɔ lɔ́ɔ

2　wua pai-thîao　　khwaai kɔ̂ɔ pai-thîao

3　lâo kɔ̂ɔ arɔ̀i　　khâao kɔ̂ɔ mài

4　maalii kɔ̂ɔ pai-thîao phamâa

5　phîi kɔ̂ɔ mâi sài klɯa

9 声調——第4声と第5声

第7課にひきつづいて声調を学びましょう。ここでは第4声と第5声を練習します。これまでと同じように，aaという母音を例にとります。

DL▶28

第4声　**áa**　高いところから始まって，さらに高く声を張ります。日本語で「エー！　ホントー!?」と言うときの，「エー」「トー」に似ています。

第5声　**ǎa**　低いところから始まって，さらに一段と下げて，その後ゆっくりと上昇させます。日本語で「へー，そうだったんだー」と言うときの「へー」に似ています。

初心のうちは，第4声と第5声をしっかり区別して発音するのは容易ではありません。しかし，この2つの声調は，始まる高さもちがい，変化の軌跡もちがいます。次の表を見てください。

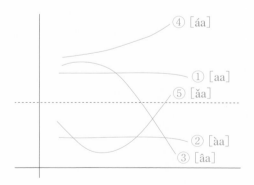

まずはこの5つの声調を安定して発音できるようになるまで，aaを第1声から順番にくりかえして練習してください．できるようになったら，他の母音や複合母音でも，また子音をつけた形でも，しつこく念入りに練習してください．

♪♪♪　次の単語を正確に発音してみましょう．　　　　　　　　**DL▶29**

1	mǎa 犬	2	sǔai 美しい	3	hǔu 耳
4	súʉ 買う	5	máa 馬	6	rúu 知っている
7	níi この	8	sǔa トラ	9	khǎai 売る
10	hǔa 頭	11	kháo 彼	12	chái 使う
13	khǎa 脚	14	mǔu ブタ	15	mɔ̌ɔ お医者さん

♪♪♪　少し長い単語です．ていねいに発音してみましょう．

DL▶30

1	phîi-sǎao 姉	2	kǔaitǐao クイティアオ（米粉の麺）
3	phaasǎa 言語	4	krapǎo カバン
5	kaolǐi 韓国	6	anúsǎawarii 記念塔

【練習】次の文をタイ語に訳してみましょう．
1　姉は韓国に遊びに行きます．
2　マーリーは鶏の卵を買います．
3　彼はデーチャーという名です．
4　おばあさんは年とっているが美しい．
5　タイの犬はタイ語を知っている．

10　疑問文と並列の接続詞

　ある文を単純に，Yes / Noで答えられるような疑問文にするには，文末に疑問の表現を置きます．この課では，いくつかのちょっとニュアンスの異なる疑問文の作り方を学びます．

① **文＋mái**　　　　　「…ですか？」

　文末に疑問詞máiを置きます．一番一般的な疑問文です．

② **文＋rǔu plàao**　　「…ですか？」

　文末に疑問の表現rǔu plàaoを置きます．rǔu「あるいは」とplàao「そうではない」がくっついたもので，直訳すれば「…か，そうではないか」．軽くru plàaoと発音されることもあります．ニュアンスとしては，①と変わらないと考えてください．

③ **文＋rǔu**　　　　　「…なんですか？」

　文末にrǔuを置きます．自分の予想や意図に反しているニュアンスがあります．例えば「あの人と付き合ってるんですかあ（本当なの？）」という感じです．

④ **文＋châi mái**　　「…なんでしょ？」

　文末に疑問の表現châi máiを置きます．châi「そうである」とmái「…

ですか」がくっついたもので，直訳すれば「そうでありますか?」となり
ますが，実際のニュアンスとしては「...なんでしょ?」と確認する感じに
なります.

例をあげましょう.　　　　　　　　　　　　　　　　**DL▶31**

① deechaa pai-thîao laao mái

　　デーチャーはラオスに遊びに行きますか?

② deechaa pai-thîao laao rǔu plàao

　　デーチャーはラオスに遊びに行きますか?

③ deechaa pai-thîao laao rǔu

　　デーチャーはラオスに遊びに行くんですか?

④ deechaa pai-thîao laao châi mái

　　デーチャーはラオスに遊びに行くんでしょ?

　上にあげたような Yes / No で答えられるような疑問文ではなく，「A に
しますか，B にしますか」「A が好きですか，B が好きですか」というよ
うな 2 つのものから選択させる疑問文もここで簡単に作ることができま
す．ふつうの文の中で，選択させる 2 つのものを rǔu で結べばよいのです.
Yes / No で答えられるような疑問文ではないので，mái や rǔu plàao など
の文末表現はいりません.

ao　chaa　rǔu　kaafɛɛ　　　お茶をとりますか，コーヒーをとりますか.
とる　お茶　　　コーヒー

duu　muai　rǔu　lên　yuudoo　ボクシングを見ますか，柔道をやりますか.
見る　│　　　する　柔道
　　ボクシング

rǔu は本来「または」という接続詞です．つまり前の2つの文はそのまま「お茶またはコーヒーをとります」「ボクシングを見るか，または柔道をします」という意味にもなります．平叙文なのか疑問文なのかは，文脈で判断します．

　一方，2つのものごとを並列させる接続詞「...と...」「および」はlέです．2つのものをlέで結べばよく，それが語と語であっても，文と文であってもかまいません．

pai　phamâa　lέ　maaleesia　　ミャンマーとマレーシアに行きます．
行く　ミャンマー　　　マレーシア

súu　plaa　lέ　khǎai　bamìi　　魚を買い，そばを売る．
買う　魚　　　売る　　そば

【練習1】 次のタイ語を発音して，訳してみましょう．　　　　DL▶32

1　kǔaitǐao thai arɔ̀i mái
2　deechaa nùai rǔu plàao
3　maalii maa-thîao rǔu　　　　＊maa-thîao　遊びにくる
4　phîi súu tǔa châi mái　　　　＊tǔa　チケット
5　mɛ̂ɛ duu-lɛɛ kài lέ plaa

【練習2】 次の文をタイ語に訳してみましょう．

1　この小路（sɔɔi）は長いですか？
2　ミャンマーのおかまの人は美しくないんでしょ？
3　入場料を支払うのですか？

4 虎は美しい模様があるのでしょ?

5 彼はお金持ちでハンサムです.

　タイ語の会話ではていねい表現がさかんに用いられます. もっとも基本的なていねい表現のひとつが, 文末のていねい語です. 男性はのちほど学ぶことにして (→50頁), 女性用を学んでおきましょう.

> 文 + khâ

　また, 疑問文の場合と, 文をソフトにする語ná「...ね」の後ろにきた場合は, 声調が変わります.

> 疑問文 + khá　　　　　文 + ná khá

pai khâ 　　　　行きます.　　　　　　　　　　　**DL▶33**
pai mái khá 　　行きますか.
pai ná khá 　　　行きますね.

khâは応答のことば「はい!」としても用いられます.

dii mái khá 　　　いいですか.
— khâ, dii khâ 　　はい, いいです.

11　末子音──3つの「ん」

　母音を発声した後の，唇・喉・舌の動きを，音節末の子音という意味で「末子音」と呼びます．タイ語の末子音は-ŋ，-n，-m，-k，-t，-pの6種です．ここではまず，前の3種-ŋ，-n，-mについて学んでいきます．後の3種はいずれも「息の詰まった感じ」を伴う発音で，ちょっとちがった扱いになりますから，次の課で学ぶことにします．

　例として，母音aにそれぞれの末子音をつけて，その発音の要領を説明します．

DL▶34

aŋ　aと発音した後，舌の奥が上がって，喉をふさぎ，息が鼻に抜けます．日本語で「あんこ」と言うときの「こ」だけ言わないで止めることを考えてください．

an　aと発音した後，舌先が上がって，息をそこで止めます．日本語で「あんな」と言うときの「な」だけ言わないで止めてみてください．舌先が口の天井についているはずです．発音した後で息を鼻から抜いてしまってはいけません．

am　aと発音した後，唇を急に閉じて，息をそこで止めます．日本語で「あんま」と言うときの「ま」を言う寸前で止める感じです．唇を閉じた後に，鼻から息を抜かないように．

39

♪♪♪　　末子音 -ŋ の練習です. 発音してみましょう.　　DL▶35

1	nâŋ	座る, 乗る	2	cɔɔŋ	予約する	3	kɛɛŋ	汁料理
4	hɔ̂ŋ	部屋	5	rɔ́ɔŋ	歌う, 叫ぶ	6	phleeŋ	歌
7	kûŋ	エビ	8	phɛɛŋ	(値段が) 高い	9	khlɔɔŋ	運河
10	yâaŋ	焼く	11	mɨaŋ	国, 町	12	wîŋ	走る

♪♪♪　　末子音 -n の練習です. 発音してみましょう.　　DL▶36

1	khon	人	2	àan	読む	3	rian	学ぶ
4	ŋən	お金	5	nán	あの	6	khǐan	書く
7	rɔ́ɔn	暑い, 熱い	8	ráan	店	9	wǎan	甘い
10	kin	食べる	11	bâan	家			

♪♪♪　　末子音 -m の練習です. 発音してみましょう.　　DL▶37

1	tham	作る, する	2	tôm	煮る	3	thǎam	たずねる
4	khem	しょっぱい	5	náam	水	6	yam	和えもの
7	ìm	満腹だ	8	phǒm	ぼく, 髪	9	rə̂əm	始まる, 始める
10	khǒm	苦い	11	dam	黒い	12	ûm	抱く

♪♪♪　　とりまぜた多音節語です.　　DL▶38

1	aahǎan	食事	2	nǎŋ-sɨ̌ɨ	本
3	yîipùn	日本	4	dichán	わたし (女性)
5	tôm-yam	トムヤム	6	aacaan	先生
7	dəən-thaaŋ	旅行する	8	rooŋ-rɛɛm	ホテル
9	phɛ̌ɛn-thîi	地図	10	khrɨ̂aŋ-bin	飛行機
11	mɛ̂ɛ-náam	川	12	tɛ̀ŋ-ŋaan	結婚する	13	india	インド

40

【練習】 タイ文にしてみましょう.

1　ぼくはエビのトムヤムを食べる.

2　わたしの先生はタイ国の地図を買う.

3　マーリーはホテルの部屋を予約する.

4　デーチャーは飛行機に乗る.

5　あの人はタイ語の本を読む.

6　ぼくの父はタイ料理店をもっている.

タイ語福袋　呼び名のこと

　ほとんどのタイ人は公的な「実名」と普段使いの「呼び名」を持っていることは27頁に書いた通りです. これが一体どのようにしてそうなったのかはわかりません. 思うに現在実名としてつけられている難しくて概念的な名前はずっと後から使われ始めたのではないでしょうか. ラーマ1世王の呼び名はトーン（金）であったそうです. 王としての名前はとても長いのですが, それは貴族として国王から下賜される名前が, 昇進するのにしたがってどんどん変わっていくのと同じで, 一種の称号ととらえる方が分かりやすそうです.「呼び名」にこそタイ人の本当の名前があると言っても言い過ぎではないように思います.

12 末子音──3つの「っ」

　11課で練習した末子音 -ŋ，-n，-m につづいて，末子音 -k，-t，-p を学びます．いずれも「息の詰まった感じ」を伴うことが特徴です．

　例として母音 a にそれぞれの末子音をつけて，その発音の要領を説明します．

DL▶39

ak　a と発音した後，喉を閉じて息を止めます．日本語の「まっか」と言うときの「か」だけを心の中で言う感じです．ほんの少しでも「か」とか「く」とか発音してはいけません．息を止めたところで終わりです．

at　a と発音した後，舌先が上にあがって口の天井について息を止めます．日本語で「ハット」と言うときの「ト」だけを心の中で言う感じです．

ap　a と発音した後，唇が閉じて息を止めます．日本語で「葉っぱ」と言うときに「ぱ」だけを心の中で言う感じです．

　どれもカタカナで書くと，「アッ」としか聞こえないような発音ですが，きちんと正確に動作を行なえば必ず伝わります．自分の耳に同じように聞こえるからといって，適当に発音するとまったく通じません．

♪ ♪ ♪　　末子音-kの練習です．発音してみましょう．　　DL▶40

1	phák	休む，泊まる	2	mâak	とても
3	lék	小さい	4	phàk	野菜
5	rîak	呼ぶ	6	ɔ̀ɔk	出る，出発する
7	rák	愛する	8	dèk	子供（↔大人）
9	thùuk	正しい，安い	10	yâak	むずかしい
11	phrík	とうがらし	12	lûuk	子供（娘・息子）

♪ ♪ ♪　　末子音-tの練習です．発音してみましょう．　　DL▶41

1	pìt	閉める	2	pə̀ət	開ける	3	pèt	あひる
4	phèt	からい	5	khít	考える	6	phûut	話す
7	phàt	炒める	8	rót	車	9	wát	寺院
10	nûat	あんまする	11	khùat	ビン			
12	bàat	バート（重量・通貨の単位）						

♪ ♪ ♪　　末子音-pの練習です．発音してみましょう．　　DL▶42

1	chɔ̂ɔp	好きだ	2	rûup	写真	3	khɛ̂ɛp	狭い
4	òp	蒸す	5	phóp	会う	6	khráp	はい（男性）
7	tɔ̀ɔp	答える	8	klàp	帰る	9	càp	つかむ，捕まえる
10	lâap	ラープ（ひき肉料理）			11	ráp	受けとる
12	cèp	痛い	13	cìip	口説く	14	rîip	急ぐ

♪ ♪ ♪　　複合音節語の練習です．　　DL▶43

1	mɔɔ-ra-dòk	遺産	2	aa-chîip	職業
3	sòk-ka-pròk	不潔な	4	sa-àat	清潔な

43

5	phàk-chii	パクチー	6	prawàt-tì-sàat	歴史学
7	wát-tha-na-tham	文化	8	sàat-sa-nǎa	宗教
9	rót-fai	鉄道	10	phrá-phúttharûup	仏像
11	prasòp-kaan	経験			

【練習】タイ文に訳してみましょう.

1 わたしは清潔な部屋が好きです.

2 おばあさんのラープはとてもからい.

3 小さな子がお母さんを呼ぶ.

4 マーリーはお父さんをあんまする.

5 わたしはタイ語を話す.

タイ語福袋　wua と khwaai

　wua「牛」と khwaai「水牛」はどちらもタイの人にとってお付き合いの長い動物です. たいていの場合, 牛は人や荷物を運ぶのに使います. 1960年代にはチェンマイの鉄道駅の前には牛の車がたくさん待っていて, お客さんを呼び込んだそうです. 一方, 水牛は田んぼを耕すのに使います. 一日の田んぼのしごとが終わって, 水牛の体を川で洗ってやって, 一緒に家路をたどるなんて, 農村の美しい風景です. 水牛は牛の仲間ではありますが, かなり別物で交配することはできません. インド神話では白のこぶ牛はシヴァ神の乗り物, 黒い水牛は魔人の化身で冥界の王ヤマの乗り物ということになっています. 何だか不公平な気もしますが, タイの農民にはとても大切に飼われていますからよしとしましょう.

コラム1　タイ語の単語

　ここまでで，タイ語にでてくるすべての母音・複合母音，子音・複合子音・末子音，声調を学習したことになります．タイ語には，これ以外の音や調子というものはなく，これですべてのタイ語の音節を発音できます．これを正確に積み重ねていけば，どんなに長い文であっても，発音で困ることはないはずです．

　すでに述べたようにタイ語の文は，単語を正しく並べることによって成り立ちます．では，その文のもとになる単語というのは，どのようなものなのでしょうか．ここでちょっと立ち止まって，眺めて見ることにしましょう．

　まず，タイ語の単語にも，もともとタイ語にあった単語と，あとからさまざまな事情でとり入れられた外来語とがあります．

　タイ語に本来あった単語を純タイ語と呼んでいます．純タイ語は基本的に1音節でひとつの意味を表わします．それだけでも単語として使えますが，いくつか組み合わせて単語をつくることもあります．①身体の呼称，②親族の呼称，③自然物，④基本動作，⑤色などの，いわゆる「基層語彙」と呼ばれている語はほとんどが純タイ語です．

①身体の呼称

　nâa　顔　　taa　目　　níu　指　　thɔ́ɔŋ　腹　　ɔ̀k　胸　　cai　心

②親族の呼称

　phɔ̂ɔ　父　　luŋ　両親の兄　　lǎan　孫, 甥, 姪　　náa　母の弟・妹

③自然物

náam 水　　fǒn 雨　　fáa 空　　lom 風　　din 土

④基本動作

wîŋ 走る　　pen …になる，…である　　nɔɔn 寝る

⑤色

dam 黒　　khǎao 白　　dεεŋ 赤　　mûaŋ 紫　　sǐi 色

◇組み合わせた熟語

nâa-taa 顔つき　　thɔɔŋ-fáa 大空　　phɔɔ-mɛ̂ɛ 両親
cai-dam 腹黒い　　pen-lom 失神する

　純タイ語のなかには，漢語の語彙と共通するもの，いいかえると「漢字で書ける語彙」が少なくありません．日本語のなかの漢字音と驚くほどよく似た発音の語もあります．これらは古代，タイ語と漢語のあいだに影響を及ぼし合う時期があったことの名残りですが，具体的なことは詳しくわかっていません．

phɔ̂ɔ お父さん［父］　　mɛ̂ɛ お母さん［母］　　mùak 帽子［帽］
kài ニワトリ［鶏］　　cháaŋ 象［象］　　khâa 価［価］

　さて，タイ族は13世紀ころから，インドシナ半島に自分たちの国を建てはじめましたが，その土地にはもともとカンボジア人やモーン人などの先住者がおり，インドの影響を強く受けた高度な文明を築いていました．

46

後発のタイ族は，先住の民族から多くの語彙を受け入れています．

　外来語のなかでもっとも比重の大きいのは梵語（サンスクリット）です．梵語はもともとインドの文語であり，インド文化が伝わるうえでの媒介として東南アジアのほとんどの国語に大きな影響を与えています．タイ語ではとくにその傾向が強く，ちょうど日本語のなかの漢語にあたると考えていいと思います．梵語の単語を抜きにしたら，新聞の一行もまともには読めなくなってしまいます．

sathǎanii　駅　　prathêet　国　　thoorasàp　電話　　khun　あなた
mahǎa-wítthayaalai　大学　　　　thaan　食べる（ていねい語）

　梵語の次に重要なのはカンボジア語です．タイ族は，14世紀にアンコールを攻略し，そのすぐれた土木技術や行政システムを受容しました．カンボジア語もそのときに多く入ってきました．

sâaŋ　建設する　　thanǒn　道　　tamrùat　警察

　近代になってからは，中国語が商業・料理の分野を中心に入ってきたほか，英語の単語も，とくに口語を中心にひろがっています．梵語・カンボジア語まではタイ語のなかになじんでいますが，中国語・英語は外来語の響きを強く感じます．

céŋ　倒産する　　théksîi　タクシー　　wέp-sái　ウェブサイト

13　地名と人名，名前を聞く

　前の課までで，タイ語の発音にでてくる母音，子音，末子音，声調をひととおり学びました．

　ここでは，それらが実際の単語のなかでどのようにつながっているのかを，地名や人名を材料に練習していきます．声調や末子音など，日本語にないところはとくに注意して，ていねいに発音してみてください．

♪♪♪　バンコクの地名（2音節のもの）　　　　　　　　DL▶44

　1　kruŋ-thêep　　2　a-sòok　　3　baaŋ-sɯɯ　　4　sǎa-thɔɔn

　5　sa-yǎam　　6　sǐi-lom　　7　mɔ̌ɔ-chít　　8　dɔɔn-mɯaŋ

＊kruŋ-thêepはバンコクのこと．

♪♪♪　バンコクの地名（3音節のもの）　　　　　　　　DL▶45

　1　yao-wa-râat　　　2　pra-tuu-náam　　3　pha-yaa-thai

　4　hǔa-lam-phooŋ　　5　sù-khǔm-wít　　6　baaŋ-lam-phuu

　7　lum-phí-nii　　　8　phaa-hù-rát　　9　ca-rəən-kruŋ

＊baaŋは「水辺の集落」という意味です．

♪♪♪　有名な場所　　　　　　　　　　　　　　　　　DL▶46

　1　wát-phrá-kɛ̂ɛo　　　　　2　maa-bun-khrɔɔŋ

　3　mɛ̂ɛ-náam-câophráyaa　　4　talàat-nát-sǔan-càtùcàk

48

5　anúsǎawarii-chai

＊一般名詞と固有の名称からなる場合，一般名詞が先に来ます．「タンマサート
　大学」なら，「大学―タンマサート」の順です．

♪♪♪　地方の地名　　　　　　　　　　　　　　　　　DL▶47
1　chiaŋ-mài　　2　nakhɔɔn-pathǒm　　3　phuu-kèt
4　ayút-tha-yaa　5　khoo-râat　　　　6　phát-tha-yaa
7　hàat-yài　　　8　sù-khǒo-thai　　　9　khɔ̌n-kɛ̀n

＊chiaŋ は城壁と堀に囲まれた「城市」．漢字であてれば「城」です．
＊nakhɔɔn は「都」という意味で，梵語の nagara「町」をタイ語風に読んだもの．

♪♪♪　人名です．発音してみましょう．　　　　　　DL▶48
1　khúkkrít praa-môot　　　　2　priidii pha-nom-yoŋ
3　thák-sǐn chínáwát　　　　　4　phûm-phuaŋ duaŋ-can
5　aphát-sarǎa hǒŋ-sa-kun　　6　châat-chaai chîao-nɔ́ɔi

なお，相手の名前を聞きたいときは，動詞 chûu「...という名である」
と疑問の名詞 arai「何」を使って聞きます．また，答えるとき（名のると
き）も動詞 chûu の後ろに名をつづけて言います．

主語 + chûu arai　→　主語 + chûu + 名前

khun phɔ̂ɔ chûu arai khráp　　　お父さんは何という名前ですか．
— phɔ̂ɔ phǒm chûu buncan khráp　わたしの父はブンチャンという名です．
＊khun は目上の親族や人の名前につける敬称．「...さん」にあたります．

49

14　あいさつ

　第1部のまとめとして，この課では日常生活のさまざまなあいさつをとりあげます.

DL▶49

◇会う

　sawàt-dii khráp
　sawàt-dii khâ

　一般的に使える万能のあいさつ言葉です．sawàt-diiは20世紀になってサンスクリットから人為的につくられたもので，今では「おはよう，こんにちは，こんばんは，さようなら」など，広い意味をもつあいさつ言葉として普及しています．男性はkhráp，女性はkhâをつけてていねいに言いましょう．ていねいに話すことはタイではとても大切です.

　sabaai-dii rǔɯ khá（khráp）　　　ご機嫌いかがですか.
　yin-dii thîi dâi rúu-càk khâ（khráp）　お目にかかれてうれしく存じます.

◇お礼

　khɔ̀ɔp-khun khâ（khráp）　　　ありがとうございます.

　khɔ̀ɔp「謝する」，khun「徳」です．直訳すると「徳に感謝いたします」.

50

khunをさらにphrá-khun「御徳」と言うこともあります.

　答えは,

　mâi pen rai khâ（khráp）　　　　　たいしたことありません.

◇謝る

　khɔ̌ɔ-thôot khâ（khráp）　　　　　ごめんなさい.

　khɔ̌ɔ「乞う」, thôot「罰」です. 直訳すると「罰を乞います」.
答えは,

　mâi pen rai khâ（khráp）　　　　　なんでもありません.

◇別れる

　laa kɔɔn ná khâ（khráp）　　　　　さようなら.
　khɔ̌ɔ laa kɔɔn ná khâ（khráp）　　さようなら.

　laa「別れを告げる」, kɔɔn「先に」です. 「お先に失礼します」の意で,
去る人が言います. 答えは, sawàt-dii khâ（khráp）でもよいのですが,
次の表現もよく使います.

　chôok-dii ná khâ（khráp）

　chôok「運」, dii「よい」で, 幸運なことですが, 英語の"good luck"
をもとにして使われるようになりました.

祈願文として，khɔ̌ɔ hâi chôok-dii ná khâ（khráp）「御運がよろしいように」とも表現します．

◇社交

khɔ̌ɔ sadεεŋ khwaam-yin-dii khâ(khráp)	お喜びを申し上げます．
yin-dii dûai khâ(khráp)	よかったですね．
sĭa-cai dûai khâ(khráp)	残念でしたね．
yin-dii tôn-ráp	ようこそ．

タイ語福袋　wannayúk 声調について（その1）

　ひとつの母音の中の音の上がり下がりのパターンが5つもあると聞くと，ちょっと絶望的な気分になる方もいるかもしれませんね．確かに声調が変わるとまったく別の単語になってしまう例はいくらもあって，悩ましいことは悩ましいのですが，目を地方に転じてみるとこの本で扱っているバンコクのことばとは声調がちがって発音されていることも多いのです．ちょうど私たちがちょっと小耳にはさんだだけで，話している人が関東の人なのか，関西の人なのか，沖縄の人なのか，すぐに感じ取ることができるのに似ています．その場合，声調がずれるからと言って，わからなくなってしまうことはなく，むしろ方言の響きから，何とも言われない魅力を感じ取れるのは，ことばの持つ不思議さのひとつだと思います．

第2部

1 数の表現

タイ語の数の表現は，語彙も，数え方も，漢語と共通しています．同じく漢語をとり入れている日本語ともよく似ています．

1から10までの数は，次のとおりです．

DL▶50

1	nùŋ	漢語と共通していません．漢字ではあてられません．
2	sɔ̌ɔŋ	漢字なら「双」にあたります．
3	sǎam	漢字の「三」にあたります．
4	sìi	漢字の「四」にあたります．
5	hâa	漢字の「五」にあたります．
6	hòk	漢字の「六」にあたります．「ロク」の「ク」はkの痕跡です．
7	cèt	漢字の「七」にあたります．「シチ」の「チ」はtの痕跡です．
8	pὲɛt	漢字の「八」にあたります．日本語でも「三八式」（サンパチシキ）のようにpで発音することがあります．
9	kâo	漢字の「九」にあたります．
10	sìp	漢字の「十」にあたります．

ゼロは，sǔunと言います．他の数詞とは違い，サンスクリットからの語です．10以上の数は，ちょうど漢数字と同じ順番で並べて読めばいいのです．

52 「五十二」のように，hâa「五」 -sìp「十」 -sɔ̌ɔŋ「二」

78 「七十八」のように，cèt「七」 -sìp「十」 -pὲεt「八」

ただし，次の3つに注意してください.
①下一桁の9はkâaoと長く発音されます.

49 sìi sìp kâao

②下一桁の1はnừŋではなく，èt と呼びます.

31 sǎam sìp èt
91 kâo sìp èt

èt は漢語系の単語で，漢字の「一」にあたります. 日本語の「イチ」の
「チ」は t の名残りです.

③十の桁の2は，sɔ̌ŋ でなく，yîi と呼びます.

24 yîi sìp sìi
25 yîi sìp hâa

yîi は漢語系の単語で，漢字の「二」に対応します. 日本語の「ニ」に
似ています.

100の桁以上の数は次のとおりです.   **DL▶50**

百 rɔ́ɔi   千 phan   万 mừun   十万 sɛ̌ɛn   百万 láan

55

百万以上の数は, láan「百万」を単位にして数えていきます.「万」「億」「兆」とつづく漢語の数え方とはちがってきます.

一千万なら「十×百万」で, sìp láan
一億なら「百×百万」で, rɔ́ɔi láan

100以上の語で最上位の数が, 単に「百」「千」などを表わす場合,「一百」「一千」「一万」というように「一」(nùŋ) を入れて言うことがあり, この傾向は数が大きくなるほど強くなります.
nùŋ「一」を入れる方が, 公式的な堅い表現になります.

1594   nùŋ phan hâa rɔ́ɔi kâo sìp sìi 「一千五百九十四」

15万9221   nùŋ sɛ̌ɛn hâa mùɯn kâo phan sɔ̌ɔŋ rɔ́ɔi yîi sìp èt
            「一十万五万九千二百二十一」
            ＊十の桁の2がyîi, 下一桁の1がètであることに注意してください.

120万4000   nùŋ láan sɔ̌ɔŋ sɛ̌ɛn sìi phan 「一百万二十万四千」

なお, 数の先頭以外の nùŋ「一」は省略できません.

7132   cèt phan nùŋ rɔ́ɔi sǎam sìp sɔ̌ɔŋ 「七千一百三十二」
41万5000   sìi sɛ̌ɛn nùŋ mùɯn hâa phan 「四十万一万五千」

口語では, 適当に下位の数詞を省略することがあります.( )内を省略するのです.

1500 phan hâa（rɔ́ɔi）   62000 hòk mɯ̀ɯn sɔ̌ɔŋ（phan）

13万 sɛ̌ɛn sǎam（mɯ̀ɯn）

100以上の数で，最上の数が1で，下位の数がない場合，最上位の1を
後ろに置くことがあります．

100   nɯ̀ŋ rɔ́ɔi を rɔ́ɔi nɯɯ のように
1000   nɯ̀ŋ phan を phan nɯɯ のように
10万   nɯ̀ŋ sɛ̌ɛn を sɛ̌ɛn nɯɯ のように

「1」がこのように後ろから前の語を修飾する場合，［nɯɯ］と第1声で
発音されます．すでに見てきたように，nɯ̀ɯ だけはオーストロアジア語系
の単語で，前からしか修飾しない漢語系の数詞とは性格を異にするのです．

【練習1】 タイ語で言ってみましょう.   **DL▶51**

1 2375   2 2549   3 6万9024   4 18万6500
5 420万

次に単位を見てみましょう．数詞は単位の前に置きます．よく使う単位
は次のとおりです．

bàat バート（通貨単位，貴金属の重さ）   rai ライ（面積1ライは1600平米）

kìloo キロ（距離，重さ）   méet メートル（長さ）

oŋsǎa 度（角度，温度）   khon 人（人数）

khráŋ 回（回数）   wan 日（日にち）

57

săam sìp bàat　30バート

kâo sìp oŋsăa　90度

＊単位については，類別詞（→137頁）でしっかりと学びます．

　疑問や不定の数詞kìiもここで一緒に覚えてください．基本的に「10」以下の数に関して，「幾ら」という意味を表わします．漢語系の単語で，漢字で書くと「幾」となります．

　また，「何十」「何百」というときの「何」としても使います．

kìi kon　幾人　　　　　　　kìi rɔ́ɔi râi　幾百ライ

漠然と多い数を表わすlăai「多」も数詞と同じように使います．

lăai khráŋ　多数回　　　lăai sìp râi　何十ライもの

【練習2】タイ語にしてみましょう．

1　30キロ　　　　2　500メートル　　　3　15回　　　4　何日

5　120ライ

最後に，数に関するその他の表現をまとめておきます．

◇序数：数詞の前にthîiをつけて表現します．序数は他の語を後ろから修飾します．

thîi nɯ̀ŋ　第1の　　　thîi sɔ̆ɔŋ　第2の　　　　thîi săam　第3の

58

khon thîi sɔ̌ɔŋ 第2の人   khráŋ thîi sǎam 第3回目

◇小数：小数点（cùt）を読んでから，数字を並べて読みます．

3.14   sǎam cùt nɯ̀ŋ sìi   52.01   hâa sìp sɔ̌ɔŋ cùt sǔun nɯ̀ŋ

◇分数：次のように読みます．

$\frac{B}{A}$ sèet B sùan A   ＊sèet は「かけら」，sùan は「部分」という意味です．

$\frac{2}{15}$ sèet sɔ̌ɔŋ sùan sìp hâa

◇加減乗除（＋−×÷）の読み方：

A ＋ B ＝ C   A bùak   B thâo kàp C
A − B ＝ C   A lóp   B thâo kàp C
A × B ＝ C   A khuun   B thâo kàp C
A ÷ B ＝ C   A hǎan   B thâo kàp C

       ＊thâo kàp は「…と等しい」という意味です．

◇マイナスの数の読み方：

− 2   lóp sɔ̌ɔŋ   ＊lóp は「マイナス」という意味です．

2　日付の表現

（1）日付

　日付は，wan「日」に序数をつけて表わします．つまり，次のようになります．

> ### wan thîi ＋数詞

DL▶53

wan thîi hâa	5日	wan thîi yîi sìp	20日

　「何日」という日付を尋ねる場合，数量を問う疑問詞thâo-rài「いかほど」を用いていいます．

wan thîi thâo-rài　何日ですか？

　時間的に「…日間」と言いたいときは，単位としてのwanを使って，次のように表わします．

hâa wan	5日間	sìp sɔ̌ɔŋ wan	12日間	kìi wan	幾日間

（2）曜日

　曜日は次のように言います．

月曜日	wan-can	火曜日	wan-aŋkhaan	水曜日	wan-phút
木曜日	wan-pharúhàt	金曜日	wan-sùk	土曜日	wan-sǎo
日曜日	wan-aathít				

wan の後ろにつづくのはサンスクリットで「月」「火星」「水星」「木星」「金星」「土星」「太陽」を表わすことばです.

「何曜日」と曜日を尋ねる場合，arai「何」を用いて訊きます.

wan arai　何曜日ですか?

曜日と日付をつけて言う場合，曜日を先に言って，その後に日付を表わす序数をつけます.

wan-can thîi sɔ̌ɔŋ　　2日月曜日
wan-aathít thîi yîi sìp sɔ̌ɔŋ　22日日曜日

(3) 月名

月は次のように言います．それぞれサンスクリットで，2月なら水瓶，3月なら魚，8月なら獅子，9月なら乙女というように，占星術の星座の名をとっています.

1月	mókkaraa-khom	2月	kumphaa-phan	3月	miinaa-khom
4月	meesǎa-yon	5月	phrútsaphaa-khom	6月	míthùnaa-yon
7月	karákadaa-khom	8月	sǐŋhǎa-khom	9月	kanyaa-yon
10月	tùlaa-khom	11月	phrútsacìkaa-yon	12月	thanwaa-khom

61

月名の末尾にある khom, yon, phan は，それぞれ「大の月」「小の月」「極小の月」（2月だけ）を示します．口語では省略されることも少なくありません．また，月名の前に dʉan「月」を置いても同じです．

dʉan-kanyaa-yon　9月　　　　**dʉan-tùlaa**　10月

「何月」と月を尋ねる場合，arai「何」を使います．

dʉan arai　何月ですか?

なお，時間的に「…カ月間」と言いたいときは，単位としての dʉan「月」を使って表現します．単位は数詞の後ろにつきます．

sǎam dʉan　3カ月間　　　　**sìi hâa dʉan**　4. 5カ月間
kìi dʉan　　何カ月間

月日を言う場合，日付を先に言って，その後に月名をつけます．曜日をつける場合は，曜日名は一番前です．

wan thîi sìp èt dʉan-karákadaa-khom　　7月11日
wan sùk thîi yîi sìp dʉan-sǐŋhǎa-khom　　8月20日金曜日

(4) 年
　年は，タイでは通常 phúttha-sàkkaràat「仏暦」で教えます．釈迦入滅を起点に数えるもので，「西暦＋543」が仏暦です．たとえば，西暦2000

年は仏暦2543年にあたります.

　仏暦2543年　phɔɔ. sɔ̌ɔ. 2543（sɔ̌ɔŋ phan hâa rɔ́ɔi sìi sìp sǎam）

phɔɔ. sɔ̌ɔ. というのは「仏暦」という語の略字です. 下二桁だけを並べて,
次のようにも言います.
　pii sìi sǎam

　西暦であればkhrít-sàkkaràat「西暦」の略字であるkhɔɔ. sɔ̌ɔ. をつけて
言います.

　西暦2006年　khɔɔ. sɔ̌ɔ. 2006（sɔ̌ɔŋ phan hòk）
　　＊pii「年」という語を先につけても同じです. pii khɔɔ. sɔ̌ɔ. 2006

年を尋ねる場合, 数量を問う疑問詞thâo-ràiを用います.

phɔɔ. sɔ̌ɔ. thâo-rài　　仏暦何年ですか?
khɔɔ. sɔ̌ɔ. thâo-rài　　西暦何年ですか?

年を月, 日付, 曜日などとともに言う場合, 年は一番最後になります.

wan-phút thîi yîi sìp èt dɨan-thanwaa-khom khɔɔ. sɔ̌ɔ. 1962
　　西暦1962年12月21日水曜日

ちなみに, タイではwan-kə̀ət「誕生日」は, 曜日まで覚えているのが

63

ふつうです．

「何年間」というように期間を言う場合，単位としてのpii「年」を用いて言います．単位は数詞の後ろにきますから注意してください．

hòk pii　6年間　　　　sɔ̌ɔŋ rɔ́ɔi pii　200年間

kìi pii　何年間　　　　kìi sìp pii　　何十年間

なお，タイでも干支を用います．干支の言い方は次のとおりです．

子 pii-chûat　　丑 pii-chalǔu　　寅 pii-khǎan　　卯 pii-thɔ̀

辰 pii-marooŋ　　巳 pii-masěn　　午 pii-mamia　　未 pii-mamεε

申 pii-wɔ̂ɔk　　酉 pii-rakaa　　戌 pii-cɔɔ　　亥（ブタ）pii-kun

干支を尋ねる場合，arai「何」を用いて訊きます．

pii arai　何年（なにどし）ですか？

干支は中国から東南アジア大陸部にかけて広く用いられています．その名称は似かよっているものの，その起源は謎のままです．

3 昨日，今日，明日

adìt		pàtcuban		anaakhót
過去	←	現在	→	未来

mɯ̂a-waan-sɯɯn	mɯ̂a-waan-níi	wan níi	phrûŋ-níi	malɯɯn-níi
一昨日	昨日	今日	明日	明後日

... wan kɔɔn　…日前　　　　　　　　ìik ... wan　あと…日で

aathít thîi-lɛ́ɛo	aathít níi	aathít nâa
先週	今週	来週

... aathít kɔɔn　…週間前　　　　　　ìik ... aathít　あと…週で

dɯan thîi-lɛ́ɛo	dɯan níi	dɯan nâa
先月	今月	来月

... dɯan kɔɔn　…カ月前　　　　　　ìik ... dɯan　あと…カ月で

pii thîi-lɛ́ɛo	pii níi	pii nâa
去年	今年	来年

... pii kɔɔn　…年前　　　　　　　ìik ... pii　あと…年で

65

「来週」「来月」「来年」のnâaは「次の」という意味.「先週」「先月」「去年」のthîi-lɛ́ɛoは「去った」という意味です.「昨日」はmûa-waan（wanではなくwaanです. 注意して）だけでも大丈夫です.

これらの語は,そのままで文を修飾できます. 文の最初に置いてもよく,またかかる部分の後ろに置いて修飾してもかまいません. 日付や曜日も同じです.

thúk「毎」を使った表現も覚えましょう. 前からかかります.

thúk wan	毎日	thúk aathít	毎週
thúk dɯan	毎月	thúk pii	毎年
thúk wan-sǎo	毎土曜日		

【練習1】 次の日本語をタイ語で書いてみましょう.　　　　　　　　DL▶54

1　phîi-sǎao pai talàat thúk wan

2　dɯan-miinaa-khom phǒm mâi pai rooŋ-rian

3　khun phɔ̂ɔ sɯ́ɯ bâan níi pii thîi-lɛ́ɛo

4　ìik sǎam dɯan ráan níi cén nɛ̂ɛ　　　＊nɛ̂ɛ　きっと

5　pai-thîao laao kìi wan

【練習2】 次のタイ文を日本語に訳してみましょう.

1　今日, チエンマイに行きます.

2　明日, デーチャーは日本に帰ります.

3　昨日, マーリーさんはエメラルド寺院に遊びに行きましたか.

4　ぼくは3年前にタイに来ました.

5　あなたは何年に生まれ（kɤ̀ɤt）ましたか.

4　時刻の表現

（1）時間

　数詞をもとにして一日中の時刻を言うことができます．ただ，タイ語の時刻の言い方はちょっと複雑です．よく表を見て理解してください．

・午前

thîaŋ
12
11　1
sìp èt mooŋ　　　　　tii nɯ̀ŋ
sìp mooŋ　10　　　2　tii sɔ̌ɔŋ
kâo mooŋ cháao　9　　3　tii sǎam
pɛ̀ɛt mooŋ cháao　8　　4　tii sìi
cèt mooŋ cháao　7　6　5　tii hâa
hòk mooŋ cháao

・午後

thîaŋ khɯɯn
12
11　1
hâa thûm　　　　　bàai mooŋ
sìi thûm　10　　2　bàai sɔ̌ɔŋ mooŋ
sǎam thûm　9　　3　bàai sǎam mooŋ
sɔ̌ɔŋ thûm　8　　4　sìi mooŋ yen
nɯ̀ŋ thûm　7　6　5　hâa mooŋ yen
hòk mooŋ yen

67

時刻の呼び方は，24時間を大きく3つの部分に分けています．

深夜（午前1時〜午前5時）

昼間（午前6時〜午後6時）

夜（午後7時〜午前0時）

深夜の時間帯は tii を使って呼びます．tii は「打つ」という意味で，昔，鐘を打って時刻を報らせたからだと言われています．

午前1時　tii nùŋ　　午前2時　tii sɔ̌ɔŋ　　午前3時　tii sǎam
午前4時　tii sìi　　午前5時　tii hâa

昼間の時間帯は mooŋ を使って呼びます．昔，昼間はドラを打って時をつげていて，mooŋ はその音を表わすのだと言われています．

午前6時　　hòk mooŋ cháao
午前7時　　cèt mooŋ（cháao）または mooŋ cháao
午前8時　　pɛ̀ɛt mooŋ（cháao）または sɔ̌ɔŋ mooŋ cháao
午前9時　　kâo mooŋ（cháao）または sǎam mooŋ cháao
午前10時　sìp mooŋ または sìi mooŋ cháao
午前11時　sìp èt mooŋ または hâa mooŋ cháao
午前12時　thîaŋ

伝統的には右にあげた呼び方のように7時を起点として，「朝の1時」「朝の2時」「朝の3時」などと数えていきます．cháao は「朝」という意味です．なお，mooŋ cháao は nùŋ mooŋ cháao の nùŋ が省略された形です．

しかし，都市部では，左にあげた呼び方のように，「（朝の）7時」「（朝の）8時」「（朝の）9時」などと数える人が増えて，現在ではこの方が主流になっています．

　午前12時のthîaŋは「まさに」「ぴったり」という意味．正午のことです．

　午後1時　　bàai mooŋ
　午後2時　　bàai sɔ̌ɔŋ mooŋ
　午後3時　　bàai sǎam mooŋ

　午後1〜3時はbàai「昼下がり」という語をつけて呼びます．bàai mooŋはbàai nùŋ mooŋの省略だと考えられますが，nùŋをつけて言うことはありません．

　午後4時　　sìi mooŋ yen
　午後5時　　hâa mooŋ yen
　午後6時　　hòk mooŋ yen

　午後4〜6時はyen「涼しい，夕刻の」という語をつけて呼びます．

　mooŋにつけて使われる，cháao「朝」，bàai「昼下がり」，yen「夕刻の」はいずれも補助的なものです．文脈上明らかであれば，省略してもかまいませんし，その方が自然です．

　夜の時間帯はthûmをつけて呼びます．昔，時刻を報らせるのに使っていた太鼓のトゥムトゥムという音だそうです．午後7時を起点にして，1, 2, 3…と呼びます．午後12時は「夜の正午」という意味で，thîaŋ khɯɯnと言います．

午後7時	nùŋ thûm または thûm nùŋ（声調に注意して）
午後8時	sɔ̌ɔŋ thûm
午後9時	sǎam thûm
午後10時	sìi thûm
午後11時	hâa thûm
午後12時	thîaŋ khɯɯn

　以上の呼び方は日常生活での呼び方ですが，鉄道・運輸・軍隊・気象・放送などでは24時間制でnaalikaaを使って呼びます．日常生活のなかでは使いません．

sìp sǎam naalikaa	13時
yîi sìp naalikaa	20時

（2）分

　分の単位は，数詞 + naathii「分」で表現して，時の後ろに置きます．口語ではよくnaathiiを省略します．

bàai sǎam mooŋ sìp naathii	午後3時10分
hòk mooŋ yîi sìp	午後6時20分
sìp cèt naalikaa hâa sìp hòk naathii	17時56分

　「…時半」の「半」はkhrɯ̂ŋと言います．時刻の後につけます．大ざっぱな言い方なので，24時間制で時刻を呼ぶときには使いません．

70

pɛ̀ɛt mooŋ khrɯ̂ŋ　8時半　　　sìi thûm khrɯ̂ŋ　夜10時半

時刻のきき方は，疑問の数詞kìiを用います．

kìi mooŋ　何時？

一日中どの時間帯でも，これひとつで大丈夫です．
なお，単位としての時間の長さは次のとおりです．

> …時間　… chûa-mooŋ　　…分間　… naathii
> …秒間　… wínaathii

sǎam chûa-mooŋ　3時間　　　kìi chûa-mooŋ　何時間
sìp naathii　　　10分間　　　hâa wínaathii　5秒間

一日のなかの大ざっぱな時間帯は次のとおりです．

tɔɔn cháao　朝方　　　tɔɔn klaaŋ-wan　昼間　　　tɔɔn bàai　昼下がり
tɔɔn yen　夕方　　　tɔɔn khâm　夜更け
kɔɔn thîaŋ　午前中　　lǎŋ thîaŋ　午後　　　cháao trùu　早朝
　＊tɔɔnはある程度の範囲をもった時間帯です．時刻につけても大丈夫です．
　　tɔɔn sǎam mooŋ　3時頃　　tɔɔn sìi thûm　夜10時頃

時刻の表現は他に前置詞などをそえることなく，それだけで文の中で修
飾語として働きます．かかる語の後ろに置くか，文頭に置けばよいのです．

mia pai talàat	女房は市場に行く.
mia pai talàat pὲὲt mooŋ	女房は8時に市場に行く.
tɔɔn cháao mia pai talàat	朝, 女房は市場に行く.
mia pai talàat kìi mooŋ	女房は何時に市場に行くのか?

【練習1】 次のタイ文を日本語に訳してみましょう. DL▶56

1 mêɛ tɯ̀ɯn tii hâa　　*tɯ̀ɯn 起きる

2 tɔɔn bàai khun tham arai

3 phîi-sǎao klàp bâan tɔɔn tii sìi

4 rót-fai ɔ̀ɔk kìi mooŋ

5 nâŋ rɯa sɔ̌ɔŋ chûa-mooŋ

【練習2】 次の日本語をタイ語で書いてみましょう.

1 父は夜9時に寝ます (nɔɔn).

2 誰が朝, 来ましたか.

3 わたしたちの飛行機は22時10分に出発します.

4 タイ式ボクシングは何時に始まりますか.

5 昨日は3時間本を読んだ.

5 コピュラ文

「我輩は猫である」「これはお金です」のように，2つの名詞を「AはBである」と結びつける文をコピュラ文と言い，結びつける動詞をコピュラ動詞と言います．タイ語のコピュラ文の基本形は次のとおりです．

A pen B   AはBである．

penがコピュラ動詞です．AもBも名詞であることに注意してください．penにはたくさんの用法があり，コピュラ動詞はそのひとつです．

DL▶57

chán pen kratàai	ぼくはうさぎです．
mɛ̂ɛ pen naaŋ-phayaabaan	母は看護婦です．
tùk nán pen rooŋ-rɛɛm	あのビルはホテルです．

Aに入るのが指示代名詞nîi「これ」，nân「あれ」である場合，その文のpenは省略するのがふつうです．

nîi thoorasàp	これは電話です．
nân thanaakhaan	あれは銀行です．
nîi arai	これは何ですか？
nân thanaakhaan arai	あれは何銀行ですか？

コピュラ文の疑問文は，rǔɯ, rǔɯ plàaoを文末に置いてつくります.
châi mái「...なのでしょ?」も使います. máiを使うことはあまりありません（→35頁）.

    khun pen khruu rǔɯ　　　　　　　あなたは先生なんですか?

    kháo pen thanaai-khwaam rǔɯ plàao　彼は弁護士ですか?

    khun phɔ̂ɔ kɔ̂ɔ pen mɔ̌ɔ châi mái　　お父さんもお医者さんなんでしょ?

      ＊kɔ̂ɔ「...も」は述部の先頭に置かれます（→32頁）.

    nîi wua rǔɯ　　　　　　　　　　これは牛なんですか?

    nân bâan khun châi mái　　あれはあなたの家なんでしょ?

　コピュラ文の否定文は次のようにつくります.

A mâi châi B　AはBではない.

　動詞penに否定助詞mâiをつけてmâi penにするのではありません.
penには「...になる」という意味もあるので，mâi penとすると「...にならない」という意味になってしまいます.

　châiとは「然り」「そうである」という意味. mâi châiは「そうではない」という意味になります.

    nɔ́ɔŋ-chaai mâi châi khâa-râatchakaan　弟は公務員ではありません.

    khwaai mâi châi sàt-líaŋ　　　　　水牛はペットではない.

　指示代名詞nîiやnânが主語の場合，penは省略されますが，否定文の

mâi châiは省略されません.

　　nîi mâi châi khrɯ̂aŋ-dontrii　　これは楽器ではありません.

否定文に疑問の文末表現をつけることもできます.

　　khun mâi châi nák-sɯ̀ksǎa rɯ̌ɯ　　あなたは学生ではないのですか?
　　nân mâi châi rót khun châi mái　　あれはあなたの車ではないのでしょ?

【練習1】 次のタイ文を日本語に訳してみましょう.　　　　**DL▶58**

　1　rao pen khon yîipùn

　2　phǒm mâi châi chaao-naa

　3　nîi bɔɔrisàt phǒm　　　　　＊bɔɔrisàt　会社

　4　khun mɛ̂ɛ pen mɔ̌ɔ châi mái

　5　nân wát-phrá-kɛ̂ɛo rɯ̌ɯ plàao

【練習2】 次の日本語をタイ語で書いてみましょう.

　1　わたしの恋人（fɛɛn）はタイ人です.

　2　この道（thanǒn）はシーロム通りですか.

　3　これは鶏飯（khâao-man-kài）ではありません.

　4　あれも銀行ですか.

　5　これは何の記念碑ですか.

75

コラム2　タイ語の単語（その2）

　コラム1では，タイ語の単語が，もともとタイ族がもっていた純タイ語のほかに，カンボジア語やインド文化圏の共通文語であった梵語，中国語や英語からの借用語でなっていることをお話ししました．

　次に，これらの単語を組み合わせて熟語をつくるやり方についてお話ししたいと思います．まず，原則的に後ろの語が前の語を説明するかたちで熟語をつくります．

hǔa-khɔ̂ɔ	題目（頭＋項目）	**hǔa-cai**	心臓（頭＋心）
hǔa-nâa	リーダー（頭＋顔）	**hǔa-khào**	ひざがしら（頭＋ひざ）

　上の単語を見ると，hǔaにいろいろな語が後ろからかかって熟語をつくっていることがわかります．hǔaは「頭」ですが，「先頭」「もっとも大切な」といった，頭に付随する広いイメージでとらえられているようです．

mɛ̂ɛ-kháa	女商人（母＋売る）	**mɛ̂ɛ-phǔa**	姑（母＋亭主）
mɛ̂ɛ-bɛ̀ɛp	ひな型，金型（母＋型）		
mɛ̂ɛ-rɛɛŋ	ジャッキ，クレーン（母＋力）		

　上の例を見ると，前の2語のmɛ̂ɛは「女性」「母」という意味ですが，後ろの2語ではそれぞれ「生み出すもの」という，母の属性を意味としています．同じ語でも熟語に用いられるときには，より抽象的なイメージでとらえられるのです．

前の語が，抽象的なイメージでとらえられるという傾向は，単独では名詞として用いられることはないものの，他の語と結びついて熟語をつくることができるという，漠然とした意味をもった名詞を生み出しました．このような語を造語成分と呼んでいます．

nák-rian	生徒（人＋学ぶ）	nák-rɔ́ɔŋ	歌手（人＋歌う）
nák-thúrákìt	事業家（人＋ビジネス）	nák-khàao	ジャーナリスト（人＋ニュース）

　この4語のなかのnákは，人，とくに職業的に何かを行なう人という意味の造語成分です．nákだけで「人」という意味の名詞として用いられることはありませんが，多くの熟語をつくります．

　khwaam「意味」，kaan「こと」も造語成分で意味はかなり抽象的です．しかし，それぞれ単独の名詞として使うこともあります．動詞について形容詞をつくるnâaも接頭語です．

①khwaam＋動詞・形容詞　　　→　　概念名詞

khwaam + rák	「愛する」	→	khwaam-rák	「愛」
khwaam + taai	「死ぬ」	→	khwaam-taai	「死」
khwaam + rúu	「知っている」	→	khwaam-rúu	「知識」
khwaam + dii	「よい」	→	khwaam-dii	「善」
khwaam + sǔai	「美しい」	→	khwaam-sǔai	「美」

②kaan＋動詞　　　　→　　一般名詞「...すること」

kaan + rák	「愛する」	→	kaan-rák	「愛すること」

77

kaan + taai 「死ぬ」	→	kaan-taai 「死ぬこと」	
kaan + rian 「学ぶ」	→	kaan-rian 「学習」	

③nâa＋動詞 → 形容詞「... したくなるような」

nâa + rák 「愛する」	→	nâa-rák 「かわいい」	
nâa + kin 「食べる」	→	nâa-kin 「おいしそうな」	
nâa + duu 「見る」	→	nâa-duu 「見るべき」「ひどい，すごい」	
nâa + yùu 「いる」	→	nâa-yùu 「居心地がいい」	

④kaan＋名詞 → 名詞「... に関すること」

kaan + mɯaŋ 「愛する」	→	kaan-mɯaŋ 「政治」	
kaan + ŋən 「お金」	→	kaan-ŋən 「金融」	
kaan + thahǎan 「兵隊」	→	kaan-thahǎan 「軍事」	
kaan + tàaŋ-prathêet 「外国」	→	kaan + tàaŋ-prathêet 「外交」	

タイ語福袋　wannayúk声調について（その２）

　声調を持つ言語は決して少なくありません．タイ語の仲間であるラーオ語とかカムムアン語（北タイ語）はもちろん，ベトナム語（もともとは声調がなかったのに後からいろいろの事情でたくさんの声調が生じてきたのだそうです）やビルマ語，チベット語にもありますし，中国語の普通語でも４種類，閩南語では８種類もあって，それぞれ豊かな言語世界を作るのに一役買っています．びっくりさせるようですが，遠くアフリカのマサイ語のようにナイル川あたりで話されている言語にはたいてい声調があるのだそうです．一度は聞いてみたいものだなと思います．

6　場所の前置詞句

　前置詞は他の語の前について，さまざまな意味の単位をつくります．前置詞が結びつくのは多くが名詞ですが，その結合は強く，まるで一語になったかのように働きます．これを「前置詞句」といいます．

　　前置詞句：前置詞＋名詞など

　前置詞句には，場所を表わすもの，時を表わすもの，その他の関係を表わすものなどがあります．ここではまず，場所を表わす前置詞句をとりあげて学びます．

　もっとも重要な，場所の前置詞は thîi「…に」「…で」です．

> thîi ＋名詞（場所）　…に，…で

DL▶59

thîi bâan　　家に，家で　　　　　thîi mɯaŋ thai　タイ国に，タイ国で
thîi nîi　　　ここに，ここで

　thîi は，場所の大小広狭にかかわらず，「…に」「…で」と示すことができます．前置詞句は名詞を修飾することも動詞を修飾することもできます．ただ，同じ thîi でも，日本語にすると「…に」「…で」「…の」など，さまざまに表わされます．

măa thîi bâan 　家の犬

kin thîi bâan 　　家で食べる

yùu thîi bâan 　　家にいる

　　＊ yùu は「いる」「ある」という動詞です．次の課でくわしく学びます．

日本語の「てにをは」にあまりこだわらず，漠然と場所を表わすのだと
考えてください．そのほか,場所の前置詞には次のようなものがあります.

bon 「…の上に，…の上で」

　　phûut bon weethii 　　舞台の上で話す

tâi 「…の下に，…の下で」

　　nɔɔn tâi saphaan 　　橋の下で寝る

nɔ̂ɔk 「…の外に，…の外で」

　　rian nɔ̂ɔk rooŋ-rian 　　学校の外で学ぶ

nai 「…の中に，…の中で」

　　khít nai cai 　　心に思う

klâi 「…の近くに，…の近くで」

　　pai klâi nám-tòk 　　滝の近くに行く

lăŋ 「…の後ろに，…の後ろで」

　　tòk lăŋ chán năŋ-sɯ̆ɯ 　　本棚の後ろに落ちる

80

nâa「…の前に，…の前で」

　yɯɯn nâa ráan　　店の前に立つ

khâaŋ「…の横に，…の横で」

　yùu khâaŋ talàat　　市場の横にある

なお，khâaŋ に他の前置詞が付くと，「…の方向に，…の方向で」となります．

khâaŋ bon　　上の方に，上の方で　　　khâaŋ nâa　　前の方に，前の方で
khâaŋ nɔ̂ɔk　　外に，外で　　　　　　khâaŋ nai　　中に，中で

【練習1】次のタイ文を日本語に訳してみましょう．　　　　　　　**DL▶60**

1　phîi-chaai sɯ́ɯ-khɔ̌ɔŋ thîi talàat　　　＊sɯ́ɯ-khɔ̌ɔŋ　買い物をする
2　mǎa nɔɔn tâi rót
3　nók rɔ́ɔŋ bon lǎŋ-khaa　　　＊nók　鳥，lǎŋ-khaa　屋根
4　khɔɔi phɯ̂an khâaŋ rooŋ-rian　　　＊phɯ̂an　友だち
5　nák-rian sùup bùrìi nai hɔ̂ŋ-náam　　　＊sùup 吸う，hɔ̂ŋ-náam　トイレ

【練習2】次の日本語をタイ語で書いてみましょう．

1　お母さんはサヤームで靴（rɔɔŋ-tháao）を売ります．
2　駅のあたりで（thɛ̌ɛo）食事する．
3　上司（câo-naai）の部屋の前で泣く（rɔ́ɔŋ-hâi）．
4　滝で洗濯する（sák-phâa）．
5　昨日，マーブンクローンで買いました．

タイ語の文が,「…は」「…が」という話のテーマをあげる部分「主部」と, それについて「どうした」「こうした」と述べる部分「述部」からなることは16頁でお話ししました.

　この「主部―述部」の前に, その文の前提となる部分を置くことができます. つまり, 場所・時・条件など, 文の舞台設定をする部分です. これを「前提部」と呼ぶことにします.

　　前提部　―　主部　―　述部

前提部が場所：日本では　　　　牛肉が　　とても高い

前提部が時：　一昨年　　　　　弟が　　　離婚しました

前提部が条件：雨が降ったら　　父は　　　会社を休むはずだ

前置詞句はそのまま文の前提部として使えます.

thîi mɯaŋ-thai khon líaŋ mɛɛo　　タイ国では, 人々はネコを飼っています.

thîi wát phrá sùat thúk cháao　　寺では, 僧が毎朝, 読経します.

タイ語福袋　phráについて

　「聖なる」という意味のphráは実によく使うことばです. 本来は接頭語ですが, 口語ではお坊さんのこともphráと言いますし, お寺の名前や王様に関係するいろいろな名詞もphráがついていて, もうphráだらけです. 同じような「聖なる」でsǐiというのもよく使います. デラックスに両方つけることもあります. wát phrá sǐi ráttaná sàatsadaaraamというのは王宮寺院, いわゆるエメラルド寺院の本名です. タクシーに言っても首をひねられてしまうかもしれません.

---

7 所在と存在の表現

あるものがどこにあるのかという所在について述べる所在文と，あるものがある（存在する）ということを述べる存在文とは，別のかたちをとりますので，注意してください．

(1) 所在文

「所在」は次のように表現します．

> 主語 + yùu + 場所の前置詞句

yùu が「いる」「ある」という所在を表わす動詞です．日本語では，生き物なら「いる」，非生物なら「ある」と言いわけですが，タイ語では区別しません．

DL▶61

talàat yùu nâa bɔɔ. khɔ̌ɔ. sɔ̌ɔ.　市場はバスターミナルの前にあります．

phîi-chaai yùu nâa talàat　　　　兄は市場の前にいます．

lûuk-sǎao yùu thîi nîi　　　　　　娘さんはここにいます．

yùu thîi rooŋ-rian　　　　　　　　学校にいます．

「どこにあるか」を聞くのは，thîi-nǎi「どこ」を使います．

83

> 主語 + yùu thîi-nǎi

hǔa-lam-phooŋ yùu thîi-nǎi

　フワラムポーン（バンコク中央駅）はどこですか.

—yùu khâaŋ khlɔɔŋ phaduŋ-kruŋ-kasěem

　パドゥンクルンカセーム運河の横にあります.

　口語では，yùuの後のthîiはしばしば省略されます．yùuの後には場所を示すことばがつづくに決まっているので，漠然と場所を示すthîiは省略されるのです.

　また，yùuには「動作状態の継続」を表わす用法があります.

> 動詞（句）または形容詞 + yùu　…している

rian phaasǎa ciin yùu　中国語を勉強している.

(2) 存在文

　あるものが「在る」「いる」という存在は，動詞miiを用いて次のように表わします.

> mii + 存在者

DL▶62

mii rooŋ-nǎŋ　映画館があります.　　　mii thahǎan　兵隊がいます.

否定文は，動詞miiの前にmâiを置きます.

mâi mii thoorasàp 電話がありません.   mâi mii nák-rian 生徒がいません.

すでに習ったように mii には所有「...をもっている」という意味もあります. 所有と存在は違うように見えますが, なにか非常に大きなこの世界が所有しているということが, つまり存在していることだと考えれば, 案外近い概念なのかもしれません.

存在文の前提部に場所の前置詞句を置いて表現を広げます.

thîi mɯaŋ-thai mâi mii phuu-khǎo-fai   タイ国には火山はありません.
thîi bâan mii mǎa thai   家にはタイ犬がいます.

【練習1】 次のタイ文を日本語に訳してみましょう.   DL▶63
1   mɛɛo yùu thîi wát
2   ŋən yùu nai krapǎo
3   bɔɔrisàt phǒm yùu thîi chiaŋ-mài
4   sathǎanii rót-fai yùu thîi-nǎi
5   thîi nân mii thanaakhaan mái
6   nai hɔ̂ŋ mii hɔ̂ŋ-náam mái

【練習2】 次の日本語をタイ語で書いてみましょう.
1   鶏は木 (tôn-máai) の上にいる.
2   息子 (lûuk-chaai) は大学 (mahǎa-wítthayaalai) にいます.
3   お寺には仏像があります.
4   あなたの靴はどこにありますか.
5   ここには何がありますか.
6   このあたりにはスーパー (súppêə) がありますか.

8 時や関係を表わす前置詞句

　すでに学んだとおり，時刻や日付は，前置詞を伴わず，それ自体で修飾の働きをします．しかし，時間的な前後関係や起点・終点は前置詞句によって表わされます．また，時の前置詞句も，他の語や句を修飾するだけでなく，文頭に置いて文の前提部として働くことができます．

DL▶64

kɔ̀ɔn　「…の前に」
　kɔ̀ɔn aahǎan　食事の前に

lǎŋ　「…の後に」
　lǎŋ sǎam thûm　夜9時以降

tâŋ-tɛ̀ɛ　「…から」
　tâŋ-tɛ̀ɛ pii nâa　来年から
　tâŋ-tɛ̀ɛ mûa-rài　いつから

＊単に tɛ̀ɛ だけで用いられることもあります．接続詞 tɛ̀ɛ「しかし」と間違えないようにしてください．

thǔŋ　「…まで」
　thǔŋ thîaŋ-khɯɯn　夜中の12時まで

rawàaŋ 「…の間」

rawàaŋ sǒŋkhraam mahǎa-eesia-buuraphaa   大東亜戦争の間

rawàaŋ sɔ̌ɔŋ thûm kàp sǎam thûm   夜8時から9時の間

＊「AとBの間」と言う場合は，rawàaŋ A kàp B となります．前置詞kàpについ
ては，次頁を見てください．rawàaŋ は場所に関しても使います．

rawàaŋ sɔ̌ɔŋ tùk   2つのビルの間に

【練習1】 次のタイ文を日本語に訳してみましょう．   **DL▶65**

1　yùu mɯaŋ-thai tâŋ-tɛɛ̀ mɯ̂a-rài

2　kháo phûut kɔ̀ɔn phǒm

3　tham-ŋaan thɯ̌ŋ kìi mooŋ   ＊tham　する，作る　ŋaan　仕事

4　pai hɔ̂ŋ-náam rawàaŋ khôotsanaa   ＊khôotsanaa　コマーシャル

5　lǎŋ sǎam thûm àan kaatuun   ＊kaatuun　マンガ

【練習2】 次の日本語をタイ語で書いてみましょう．

1　タイボクシングは何時に始まりますか．

2　おじいさんは夜8時前に寝ます．

3　午前1時まで本を読みます．

4　食事の後に薬をのみます．（のむ→食べる）

5　朝から掃除します（tham khwaam-sa-àat）．

前置詞は場所や時間的関係以外にも，比較や所有など，さまざまな関係
を表わす句をつくります．

kàp 「…と」　　　　　　　　　　　　　　　

　kàp săamii　夫と　　　kàp khrai　誰と

kwàa 「…よりも」

　kwàa bâan　家よりも

kìao-kàp 「…に関する」

　kìao-kàp sàatsanăa　宗教に関する　　　kìao-kàp arai　何に関する

càak 「…から」（移動の起点）

　càak chiaŋ-raai　チエンラーイから

thŭŋ 「…まで」（移動の終点）

　thŭŋ thîi-năi　どこまで

khɔ̆ɔŋ 「…の」

　khɔ̆ɔŋ phanrayaa　妻の

「…の」は名詞をつづけて並べることでも表現できました.

　A：bâan phanrayaa　妻の家

しかし，前置詞 khɔ̆ɔŋ を使っても表現できます.

　B：bâan khɔ̆ɔŋ phanrayaa　妻の家

どちらも「妻の家」を表わしますが，Aは単にその家が妻の家であると
いう事実を述べているだけですが，Bはその家が伯父のでもなく，祖母の

88

でもなく，自分のでもなく，妻の家であるという意味です．Bは妻を指定した文です．Aで述べられているのは，家と妻の二者の関係ですが，Bは，家とたくさんの人がいて，その中から妻が指定されているという，言わば家と妻を含む多数の関係です．日本語にすれば同じですが，この指定性のために，タイ語ではちょっとだけニュアンスが異なるのです．

【練習3】 次のタイ文を日本語に訳してみましょう． DL▶67

1 nân bɔɔrisàt khɔ̌ɔŋ phan-ra-yaa

2 mɛɛo thai chalàat kwàa plaa-loomaa

    ＊chalàat　頭がいい，plaa-loomaa　イルカ

3 nîi năŋ-sɯ̌ɯ kìao-kàp sàt-líaŋ　　　＊sàt-líaŋ　ペット

4 châo bâan yùu kàp phɯ̂an　　　＊châo　借りる

5 rao maa càak yîipùn

【練習4】 次の日本語をタイ語で書いてみましょう．

1 兄と海に遊びに行く．

2 あれは先生のカバンでしょ．

3 このバス（rót-mee）はどこから来たのですか．

4 彼の家はお父さんの家より大きい．

5 誰がタイ国について学んでいますか．

コラム3　動詞 (句) の関係

　タイ語は単語を並べて意味を作る言語です．動詞は後ろに目的語がくると，まるで一語のように強く結びつき，これを動詞句と言いました (→18頁)．では，動詞や動詞句が2つ結びついたとき，どのような意味になるのでしょうか．

　もっとも簡単なのはこのようなものです．

> 動詞 (句) A + 動詞 (句) B　AしてBする

yâaŋ plaa kin	魚を焼いて食べる．	＊plaa　魚
tham kàp-khâao khǎai	おかずを作って売る．	＊kàp-khâao　おかず

　これはAとBの目的語が同じで，一連の動作である場合です．その場合，目的語はAの方につくことに注意してください．
　AとBが目的語を共にしていなくとも，それが同時に切り離せないひとつの動きとして行なわれている場合，上と同じ並び方になります．

nâŋ duu thoorathát	座ってテレビを見る．
khàp rót pai chiaŋ-mài	車を運転してチエンマイに行く．

　この場合，文意として主となる動詞 (句) の方が後ろにきます．補足的な動詞 (句) が前にきます．

一方，一連の動作ではなく，互いに別個の動作である場合，AとBの間には接続詞が入り，並列の関係となります。

動詞（句）A + lɛ́ + 動詞（句）B

---

tôm kài lɛ́ yâaŋ plaa   鶏を煮て，魚を焼く．

yâaŋ plaa lɛ́ tôm kài   魚を焼いて，鶏を煮る．

＊別個の並列の動作ですから，順序を入れ換えても同じです．

pai「行く」，maa「来る」のあとに動詞句がついた場合，「…しに行く」「…しに来る」というように「行く」「来る」の目的を表わします。

pai namátsakaan lǔaŋ-phɔɔ   ルワンポーに参詣に行く．

＊lǔaŋ-phɔɔ は年輩の僧侶への敬称や，仏像の名前です．

pai súu-khɔ̌ɔŋ   買い物に行く．

maa hǎa ŋaan   仕事を探しに来る．

maa sǎmphâat   インタビューに来る．

動詞句を目的語としてとる動詞もあります。前の動詞が後ろの動詞（句）を目的語とするのです。後ろの動詞（句）は，日本語でいえば「…スルコト」となるものです。

sɔ̌ɔn khàp rót   車を運転することを教える．

rian phûut phaasǎa thai   タイ語を話すことを習う．

9 法の助動詞

　動詞・動詞句・形容詞の前に置いて，さまざまな意味を表わす語を助動詞と言います．

　助動詞には，もともと動詞であったものが次第に動詞としての働きを失い，他の動詞に意味を添えるだけになった「法の助動詞」と，もともと動詞の起こり具合や状況について説明する修飾語である「相の助動詞」とがあります．ここではまず，法の助動詞から学んでいきましょう．

> khəəi + 動詞（句）または形容詞　　…したことがある

　khəəi は経験を表わす助動詞です．経験は一回的なものでも，習慣的なものでもかまいません．

DL▶68

khəəi kin　食べたことがある.	khəəi ruai　金持ちだったことがある.
khəəi rian phaasǎa khaměen	クメール語を学んだことがある.
khəəi líaŋ mɛɛo thai	シャムネコを飼ったことがある.

　否定文は khəəi の前に mâi をつけて作ります．

mâi khəəi dâi-yin　　　聞いたことがない.

mâi khəəi nâŋ rót-mee　バスに乗ったことがない.

疑問文は文末に疑問の表現をつけるだけです.

khəəi pai khoorâat rŭɯ plàao　　コーラートに行ったことはありますか.

khəəi tàt kraprooŋ mái　　　　スカートを縫ったことがありますか.

答えは，khəəi「あります」，mâi khəəi「ありません」です.
　法の助動詞は多くは漢語との共通語彙で（→46頁），漢字をあてること
が可能です．khəəi にあたる漢字は，おそらく '過' でしょう.

---

yàak + 動詞（句）または形容詞　　　...したい

　yàak は欲求「...したい」を表わす助動詞です．形容詞についたときには，
そのような状態になりたいことを表わします.

yàak sɯ́ɯ　　　買いたい.　　　　　　yàak sŭai　　きれいになりたい.

yàak pen mɔ̆ɔ　　医者になりたい.

否定文は yàak の前に mâi をつけます.

mâi yàak chɯ̂a　　信じたくない.　　　　mâi yàak dam　　黒くなりたくない.

疑問文は文末に疑問の表現をつけて作ります.

yàak mii bâan mái　　家をほしいですか.

yàak dâi ŋən rɯ̆ɯ　　お金をほしいのですか.

93

「...をほしい」はyàak ... ではなく，yàak mii ... / yàak dâi ... と表現します．mii を使った場合は「もっている」という状態を，dâi はそのものを「得る」という動きを表わしますが，いずれにしてもyàakのみでは使わないのが普通です．yàak に漢字をあてると‘欲’です．漢文で，「...セント欲ス」というのと同じです．

---

tôŋ ＋動詞（句）または形容詞　...しなければならない

---

tôŋ は義務「...しなければならない」を表わします．tôŋ には相の助動詞としての用法（→ 101頁）もあるので注意してください．

tôŋ pai thanaakhaan　　　銀行に行かなくてはならない．
tôŋ rîap-rɔ́ɔi　　　　　　きちんとしていなくてはならない．

否定文はtôŋ の前にmâi をつけます．

mâi tôŋ klua　　　　　怖がらなくてもいい．
mâi tôŋ sǔai mâak　　すごくきれいでなくてもいい．
　＊「...しないでもいい」が婉曲な禁止になることもあります．

疑問文は文末に疑問の表現をつけます．

phǒm tôŋ phûut rɯ̌ɯ plàao　ぼくは話さなければなりませんか．
mâi tôŋ phûut châi mái　　　話さなくてもいいんでしょ．

答えは，tôŋ「しなければならない」，mâi tôŋ「しなくてもよい」です．
tôŋ の後に動詞（句）をつけて答えてもかまいません．

　tôŋ に漢字をあてれば'當（当）'となります．漢文でいう「まさニ…
スベシ」と同じです．

---

dâi ＋動詞（句）または形容詞

　dâi は「実現」を表わす助動詞です．日本語に訳すと表現しにくいので
すが，「…が実現した」というような意味です．

> pii thîi-lέεo pai mɯaŋ- thai 　　　去年，タイ国へ行った．
> pii thîi-lέεo dâi pai mɯaŋ-thai 　　去年，タイ国に行くことができた．

　上の例で pai は「（意志をもって）行く」という意味ですが，実は，い
くら意志をもって行こうとしても，行くことが実現するかどうかは，意志
をこえた別の問題です．下の例ではそれをふまえて，「行くことが実現した」
と言っているのです．

　否定文は dâi の前に mâi を置きます．次の文を見てください．

> pii thîi-lέεo mâi pai mɯaŋ-thai 　　　去年，タイ国へ行かなかった．
> pii thîi-lέεo mâi dâi pai mɯaŋ-thai 　去年，タイ国に行かなかった．

　日本語に訳すと同じになってしまいますが，意味は違います．上は意志
をもって「行かなかった」のに対し，下では意志にかかわらず行くことが

95

実現しなかった，起こらなかったことを示します．上は意志レベルでの否定，下は事実レベルでの否定であると言えます．

> mûa-waan dâi pai rooŋ-rian mái　　昨日，学校に行けましたか．
> mûa-waan mâi dâi pai rooŋ-rian châi mái
>
> 　昨日，学校に行かなかったんでしょ．

dâi を漢字で書けば '得' にあたります．漢文でいう「...スルコトヲ得タリ」と同じです．

---

khuan + 動詞（句）または形容詞　　...すべきである

khuan は適当，当然「...すべきだ」「...するのが当然だ」を表わす助動詞です．

> khuan pai thîi nân　　その場所に行くべきです．
> khuan lɯɯm rɯaŋ níi　　このことを忘れるべきです．

否定文は khuan の前に mâi を置きます．

> mâi khuan koohòk　　　　　　ウソをつくべきではない．
> mâi khuan thîao klaaŋ-khɯɯn　　夜，遊びに出るべきではない．

疑問文は文末に疑問の表現をつけます．

khuan nâŋ rót-mee pai châi mái　バスに乗って行くべきでしょ.

rao khuan phák thîi nîi mái　　わたしたちはここに泊まるべきだろうか.

【練習1】次のタイ文を日本語に訳してみましょう.　　**DL▶69**

1　mâi khǝǝi thaló kàp mia　　＊thaló　ケンカをする

2　yàak pai duu nǎŋ india　　＊nǎŋ　映画

3　tôŋ càai khâa-rian　　＊khâa-rian　授業料

4　wan níi mâi dâi ɔ̀ɔk kamlaŋ-kaai　　＊ɔ̀ɔk kamlaŋ-kaai　運動する

5　mâi khuan nɔɔn dùk　　＊nɔɔn dùk　夜更しする

6　mâi tôŋ khít mâak

7　mûa-kɔ̀ɔn aacaan khǝǝi mii khrɔ̂ɔp-khrua

　　＊mûa-kɔ̀ɔn　以前,　khrɔ̀ɔp-khrua　家庭

8　mâi yàak klàp yîipùn

【練習2】次の日本語をタイ語で書いてみましょう.

1　チケットを買わなければなりません.

2　古式あんま（nûat-phɛ̌ɛn-booraan）を習いたいです.

3　ネコを飼ったことがありますか.

4　昨日, 手紙（còt-mǎai）を書いてないんでしょ.

5　遅れて（sǎai）いくべきではありません.

6　のら犬（mǎa-khâaŋ-thanǒn）になりたいです.

7　タイの国王（phrá-mahǎa-kasàt）は仏教徒（phúttha-sàatsaníkachon）

　　でなければなりません.

8　怒る（moohǒo）ことないですよ.

10 相の助動詞

助動詞のなかで，動詞について，その起こり方や状況を説明するものを「相の助動詞」と呼びます．相の助動詞は，もともと修飾語であることから，否定辞mâiがつくことがないという違いがありますが，使い方は法の助動詞と同じです．

> ca＋動詞（句）または形容詞

caは「未然」，まだそのことが起こっていない不確定な状態にあるということ示す助動詞です．日本語に訳した場合，ほとんど訳し出されることはありません．

DL▶70

A：pai chiaŋ-mài　　チエンマイに行く
B：ca pai chiaŋ-mài　チエンマイに行く（まだ行っていない）

Aでは単に「チエンマイに行く」という意味で，それがいつ「行く」のかは言及していません．Bではcaによって，それがまだ実現していないことが示されています．

caは基本的に「未然」（まだ起こっていない）という状態を示すのですが，まだ実現していないことから，「未来」（実現すべき状態にある）や「意志」（実現させようとする）の意味が感じられることもあります．

mûa-waan pai chiaŋ-mài　昨日，チエンマイに行った.

caはそれ自体でも非常によく使われる語ですが，しばしば前課で学んだ法の助動詞や他の相の助動詞と結んで用いられます.

yàak ca faŋ　　聞きたい（まだ聞いていない）

khuan ca rúu　知っておくべきだ（まだ知らない）

ca faŋ「聞く」，ca rúu「知る」ことについて，yàak「…したい」，khuan「…すべき」なので，yàakやkhuanはcaの前に置きます.

ca dâi pai　　　行ける（まだ行っていない）

dâi pai「行くことを得る」ことについて，それがca「将来のことである」といっているので，caはdâi paiの前に置きます.

caはもともとは修飾語ですから，caの前にmâiがつくことはありません.mâiがついた動詞（句）または形容詞の前にcaがつきます.

ca mâi sǔai　美しくなくなる（まだ美しい）

ca mâi pai ìik

　　もう二度と行かない（「行かない」ということは将来についての決意で，まだ
　　実現していません）　＊ìik「再び」

caを漢字で書けば '將' があたります.漢文でいう「まさニ…セントス」と同じことです.

99

àat + 動詞（句）または形容詞　　…かもしれない

　àatは，それが起こる可能性があることを示す助動詞です．それが主観的な推量であっても，客観的な可能性であってもかまいません．まだ実現していないことについて言うのですから，未然の助動詞caと結んで使われることもよくあります．

　　khun phɔ̂ɔ àat rúu　　　　　　お父さんは知っているかもしれない．
　　aacaan àat ca khâo-cai-phìt　先生は誤解するかもしれません．

　àatはmâiのついた動詞（句）または形容詞の前につきます．

　　kháo àat mâi sŏn-cai　　　　彼は興味がないかもしれません．
　　khun mɛ̂ɛ àat ca mâi pai　　お母さんは行かないかもしれません．

　àatの前にmâiがつくと，「可能性の否定」となります．「…であるはずがない」というほどの意味です．

　　mâi àat prasòp khwaam-sămrèt　成功を収められるはずがありません．

---

khoŋ + 動詞（句）または形容詞　　きっと…だろう

　khoŋは強い確からしさを示す助動詞です．主観的な推量であっても，

100

客観的な確率であってもかまいません．àatと同様，まだ実現していない不確定なことについて言うのですから，未然の助動詞caと結んで，khoŋ caとなることもよくあります．その場合も意味は変わりません．

deechaa khoŋ maa sǎai　　デーチャーはきっと遅れてくるでしょう．
maalii khoŋ ca sɔ̀ɔp-dâi　　マーリーはきっと合格するでしょう．
　　　　　　　　　　　　　＊sɔ̀ɔp-dâi「合格する」

mâiがついた動詞（句）または形容詞の前にkhoŋを置きます．

phɔ̌ɔ khoŋ ca mâi chɯ̂a　　　　　お父さんはきっと信じません．
fɛɛn kháo khoŋ mâi kèŋ rɔ̀ɔk　彼女の恋人はきっとデキないよ．
　＊kèŋは能力があって，いわゆるデキること．rɔ̀ɔkはmâiのついた文の文末に置かれて，「...だよ」という否定の語気を表わします．

強い傾向を示す助動詞mák(ca)や，yɔ̂ɔm も近い意味をもっています．日本語にすると「えてして...しがちである」という感じです．助動詞とはいく分性質を異にしますが，nâa ca「...するはずだ」「...になるはずだ」も同じように使います．

> tôŋ ＋動詞（句）または形容詞　　絶対...にちがいない

tôŋ は「絶対...にちがいない」という強い確実さを示す助動詞です．法の助動詞としては「...しなければならない」という意味で（→94頁），場

合によっては文脈から判断することになります．nɛ̂ɛ「確かに，きっと」
などの語がともに用いられることも少なくありません．mâi がついて否定
された動詞（句）または形容詞の前に置かれることも，他の相の助動詞と
同じです．

taai lɛ́ɛo! mia tɔ̂ŋ moohŏo nɛ̂ɛ　しまった！　女房は絶対怒るよ．
　＊taai lɛ́ɛo は直訳すれば「死んじまったよ」ですが，「ひぇー」「しまった！」
　　「アイヤー！」「タイヘンだー！」など，負の驚きを示す万能の感嘆表現です．

dèk-dèk tɔ̂ŋ dii-cai yài　子供たちは絶対大喜びだ．
　＊感情を表わす語の後ろに yài「大きい」を置くのは口語表現です．

phîi-sǎao tɔ̂ŋ mâi chɔ̂ɔp kháo　姉は絶対，彼をきらいだろう．
　＊ふつうの「きらい」にあたる単語はなく，mâi chɔ̂ɔp「好きでない」と表
　　現します．

---

　phɯ̂ŋ ＋動詞（句）または形容詞　　　…したばかりです

---

phɯ̂ŋ は，あることが起こってから間もないことを示す助動詞です．日
本語の「…したばかりです」にあたります．

maalii phɯ̂ŋ tɛ̀ŋ-ŋaan kàp nák-khàao
　マーリーはジャーナリストと結婚したばかりです．
nɔ́ɔŋ-sǎao phɯ̂ŋ khlɔ̂ɔt lûuk　姉は子供を出産したばかりです．

> ### yaŋ ＋動詞（句）または形容詞　　まだ...です

　yaŋ は，ある動作や状態が依然として継続していることを示す助動詞です．mâi がついて否定された動詞（句）または形容詞の前に置くこともできます．

　yaŋ pen phûan kan yùu　　まだ友だちでいます．
　yaŋ mâi sǒmbuun　　　　　まだ完全ではありません．
　　＊ yùu は所在を表わす動詞（→83頁）であるとともに，動詞（句）または形容詞の後ろに置いて継続を表わす助詞としても使われます．
　　　tham-ŋaan　　　　働く．
　　　tham-ŋaan yùu　　働いている．

　yaŋ については12課（→109頁）でもとりあげています．合わせて参照してみてください．

> ### kamlaŋ ＋動詞（句）または形容詞　　...しているところです

　kamlaŋ は，その動作が現在進行中である，また形容詞の前に置いて，ちょうどその状態であるということを示します．動詞（句）の前に置いたときには，継続を表わす助詞の yùu と合わせて使うこともよくあります．

　kamlaŋ khǐan tamraa yùu　　今，教科書を書いているところです．

103

kamlaŋ dii　　　ちょうどいいです.

　未然の助動詞caと結ぶと,「今, ちょうどそうしようとしている (まだしていない)」ことを示します.

kamlaŋ ca ɔ̀ɔk　今, 出るところです.
kamlaŋ ca maa　今, 来るところです.

kùap + 動詞 (句)　　　あやうく...するところだった

　kùapは, そのことがあやうく起こりそうになったということを示す助動詞です. mâiのついた動詞 (句) の前に置くこともできます.「あやうく起こりそうになった」だけで, 実際には起こっていないのですから, 未然の助動詞caとともに使われることもあります.

kùap sɔ̀ɔp-tòk　　　あやうく試験に落ちるところだった.
khâao kùap mòt　　　お米があやうく尽きそうだ (もうほとんどない).
kùap mâi sǎmrèt　　　あやうくうまくいかないところだった.
rót kùap ca chon　　　車があやうくぶつかるところだった.

104

【練習1】 次のタイ文を日本語に訳してみましょう.

1 phrûŋ-níi ca pai mʉaŋ ubon

2 kháo àat tòk-loŋ　　*tòk-loŋ　了解する

3 kùap lʉʉm wan-kə̀ət khɔ̆ɔŋ fɛɛn

　　*lʉʉm　忘れる，wan-kə̀ət　誕生日

4 maalii kamlaŋ rian phaasǎa yîipùn

5 khun phɔ̂ɔ tôŋ sǐa-cai nɛ̂ɛ　　*sǐa-cai　がっかりする

6 deechaa khoŋ mâi rúu

7 khun sachikò phʉŋ tɛ̀ŋ-ŋaan kàp mɔ̌ɔ

【練習2】 次の日本語をタイ語で書いてみましょう.

1 ぼくは行かないかもしれません.

2 来年，夫（sǎamii）とインドに旅行します.

3 バスタオル（phâa-chét-tua）を洗って（sák）いるところです.

4 おれ（kuu）はもう少しで泣くところであった.

5 お母さんは知っているかもしれません.

6 わたしたちは友だちになった（pen phʉan kan）ばかりです.

7 彼のお姉さんはきっと美しいにちがいありません.

タイ語福袋　相手を呼ぶ

　タイ語で対話の相手を呼ぶのはなかなか骨の折れることです.
khunという言葉がありますが，これはもともとguṇa「徳」という意
味のサンスクリットです.現代タイ語では「あなた」という感じ.日
本語の「あなた」と同じで，誰にでも使えるという感じではありませ
ん.純タイ語ではthəəとかmʉnとかいう単語がありますが，「お前」
という感じでこれまた使い勝手が悪い.結局，誰にでも使える英語の
youのような単語はないようですね.

11 方向助詞

　動詞（句）や形容詞の後ろに置いて，その動きや変化の方向を示す語を方向助詞といい，タイ語らしい豊かな表現の要となります．方向助詞は本来，動詞起源の語ですが，動詞と混同しないように注意が必要です．

（1）動詞（句）＋pai：そのものが遠くへ離反していく方向を示します．

DL▶72

khun phɔ̂ɔ khǎai rót pai　　お父さんが車を売り払った．

kəən pai　　　　　　　　（何かの程度を）過ぎる

＊kəən だけでも「過ぎる」ですが，pai がつくと，さらにそれを越えて過ぎてしまう感じが加わります．形容詞の後ろに kəən pai, kəən, pai がつくと，「…すぎる」という表現になります．

phɛɛŋ kəən pai　　（値が）高すぎます

phɛɛŋ pai　　　　（値が）高すぎます

（2）動詞（句）＋maa：そのものが自分に接近してくる方向を示します．

phûan sòŋ khɔ̌ɔŋ-khwǎn maa　友だちがプレゼントを送ってきた．

rɔ́ɔŋ phleeŋ maa yîi sìp pii　　20年間，歌をうたってきた．

pai や maa は時間的にも使えます．maa は過去から今，自分のいる現在

106

に向かって接近してくる動き，paiは未来に向けてそれが続いていく動き
を示します．

　また，paiとmaaは組みになって，いろいろ，あれこれ，うろうろする
感じを表現したりできます．

dəən pai dəən maa lŏŋ thaan　行ったり来たりうろうろ歩いて，道に迷った．

phûut pai phûut maa mâi rúu-rʉ̂aŋ eeŋ

　あれこれ言いちらして，自分でも訳がわからない．

(3) 形容詞＋khʉ̂n：価値の上昇を表わします．

nɔ́ɔŋ-sǎao sǔai khʉ̂n　　　妹はきれいになってきた．

nám-man phεεŋ khʉ̂n mâak　油がとても高くなった．

(4) 形容詞＋loŋ：価値の下降を表わします．

khanεεn yɛ̂ɛ loŋ　　　点が悪くなった．

khɔ̌ɔŋ thùuk loŋ　　　ものが安くなった．

(5) 動詞（句）＋wái：そのままにしておくこと（ゼロ変化）を表わします．

cɔ̀ɔt rót wái　車をとめておく．

kèp wái　　　しまっておく．

1　kháo yím maa　　＊yím　ほほえむ

2　mɛɛo dam wîŋ ɔ̀ɔk pai　　＊wîŋ　走る

3　aakaan yɛ̂ɛ loŋ　　＊aakaan　症状

4　rɯ̂aŋ níi tôŋ cam wái　　＊rɯ̂aŋ　話. cam　覚える

5　dii khɯ̂n mâak

【練習2】 次の日本語をタイ語で書いてみましょう.

1　姉の友だちが入って（khâo）きました.

2　ここに置いて（waaŋ）おきます.

3　赤ちゃん（dèk-dɛɛŋ）は毎日重く（nàk）なる.

4　母は20年間, 先生をやってきた.

5　つかまえておく.

タイ語福袋　あいさつのことば

　対話の相手を呼ぶのに比べて, あいさつの言葉はsawat diiの一本やりでOKです. でも実はこの言葉もサンスクリットをもとにしてチュラロンコン大学の教授だったプラヤー・ウパキット・シラパーサーンが挨拶語として作ったものを1943年1月22日から国で挨拶語と定めて使用したものです. それ以前は英語のハローのような使い勝手のいい挨拶語がなくて,「どこ行くの?」とか「どこ行ってきたの?」とか「ご飯食べた?」とか, ちょっとした問いかけをしてあいさつに代えていたのです. でも, ラジオ放送が始まって, ラジオの中から「どこ行くの?」なんてあいさつされても困ります. どこにも行かないからラジオを聞いているんですから.

12 「まだ」と「もう」

「まだ」というのはある動作や状態が, 依然として継続していることです. これは10課で学んだ「相の助動詞」yaŋ を使って表現できます. 継続していることを示すのですから, 動作や状態が継続的に行なわれていることを示す yùu (→103頁) と一緒に使われることがふつうです.

yaŋ khít yùu	まだ考えています.
yaŋ pen dèk yùu	まだ子供である.
yaŋ dəən yùu	まだ歩いています.

形容詞のときも同様に, yùu とともに使われることが多いです.

yaŋ dii yùu	まだ（状態として）いい.
fai-dɛɛŋ yaŋ khǐao yùu	信号はまだ青です.
thúrian yaŋ phɛɛŋ yùu	ドリアンはまだ高いです.

mâi のついた否定文においては, 「…しない」「…ではない」というのはすでに状態であることが明らかですので, yùu がともに用いられることはほとんどありません. また, yaŋ がつくと, そのことが将来的にはそうなる可能性がありながら, まだ実現していない感じを伴います.

yaŋ mâi sŭai　　まだきれいじゃない.

yaŋ mâi rə̂əm　まだ始めません.

法の助動詞とともに用いることもできます.

yaŋ mâi khə̀əi tii lûuk　まだ子供をたたいたことがない.

yaŋ mâi tɔ̂ŋ yáai bâan　まだ引っ越しする必要はない.

yaŋ mâi dâi triam-tua　まだ支度ができていない.

yaŋ mâi khuan laa-ɔ̀ɔk　まだ辞任するべきではない.

そのほか, 日本語でいう「...の方がましだ」「...の方がまだ悪い」のように, 比較のなかで用いられる「まだ」もyaŋで表わされます.

phŭa kào yaŋ dii kwàa　　前のダンナの方がまだよかった.

mia kuu yaŋ sŭai kwàa　　俺の女房の方がまだきれいだよ.

　このようにyaŋは日本語の「まだ」にとてもよく似た意味と使い方のことばです. さて, その反対の「もう...した」「もう...だ」という完了の意味は, lɛ́ɛoという語を該当する部分の後ろにおくことで表わされます. lɛ́ɛoは漢字をあてると '了' で, 動作や状態の完了を表わします.

DL▶74

phîi-sǎao pai lɛ́ɛo　姉はもう行ってしまった.

rúu lɛ́ɛo　　　　　もうわかってます.

phɔɔ lɛ́ɛo　　　　　もう十分です.

110

新事実の発現も，日本語の「もう」にあたります．

thúrian ɔ̀ɔk lɛ́ɛo　　　ドリアンがもう出ました．（これまで出てなかった）

kìi mooŋ lɛ́ɛo　　　　もう何時になりましたか．

「もう...しましたか」という疑問文は，yaŋ と lɛ́ɛo とを使った疑問の表現，
lɛ́ɛo rɯ̌ɯ yaŋ「（直訳すれば）もうかまだか」を文末に置いて作ります．

kin khâao lɛ́ɛo rɯ̌ɯ yaŋ　　　　もうご飯食べましたか．

mɛɛo klàp bâan lɛ́ɛo rɯ̌ɯ yaŋ　　ネコはもう家に帰りましたか．

この lɛ́ɛo rɯ̌ɯ yaŋ は rú yaŋ と省略されて使われることもあります．

【練習1】和訳してみましょう．　　　　　　　　　　DL▶75

1　ŋən yaŋ mâi phɔɔ

2　kin khâao rú yaŋ

3　aacaan sɯ́ɯ bâan lɛ́ɛo

4　càai khâa-pratuu lɛ́ɛo rú yaŋ

5　phɔ̀ɔ yaŋ mâi kɛ̀ɛ châi mái

【練習2】タイ文になおしてみましょう．

1　まだ行きません．

2　先生はもう結婚しましたか．

3　もうおなか一杯です．

4　まだ疲れないのですか．

5　カバンはもう見つかりましたか．

13 可能の表現

　可能「…できる」「…してもよい」は，その内容を表わす部分の後ろに，可能を表わす語を置くことで表現されます.

　もっとも一般的に「…できる」「…してもよい」を表わすのはdâiです. 物理的・能力的な可能も，許可の意味の可能もカバーします.

> 内容 + dâi

DL▶76

kin khâao dâi	食事してもよい.
kin khâao thîi nîi dâi	ここで食事してもよい.
plaa-dìp níi kin dâi	この刺身は食べてもよい.

　＊この文の場合，「（腐ってないから）食べられる」のか，「（許可されて）食べられる」のかは，文脈により決まります. この文としては，どちらでも大丈夫です.

　このdâiは本来，非常に漠然とした可能，獲得の意味をもつ動詞（漢字では'得'）であるものと考えられます. これを否定するには，dâiの前にmâiを置けばいいのです.

yùu thîi nîi mâi dâi	ここにいることはできない.
rûaŋ níi bɔ̀ɔk khon ɯ̀ɯn mâi dâi	この話は他の人に話すことはできません.
thîi nîi phûut arai mâi dâi	ここでは何も話せません.

arai「何」，khrai「誰」，thîi-nǎi「どこ」などの疑問・不定の語は，mâi とともに否定文の中で用いられると，「何も…ない」「誰も…ない」「どこも…ない」という全部否定の意味になります．

　この文の疑問文は，文末に通常の疑問表現（→35頁）を置けばいいのです．

　wan níi pai-thîao dûai-kan dâi mái 　　今日は，一緒に遊びに行けますか？

　àan phaasǎa thai dâi rǔɯ plàao 　　タイ語は読めますか？

　khǐan kɔ̂ɔ dâi châi mái 　　書くこともできるんでしょ？

　　＊kɔ̂ɔ dâi はよく使う表現「…もできる」「…でもよい」です．kɔ̂ɔ は比較的
　　短い発音です．

　pai kɔ̂ɔ dâi, mâi pai kɔ̂ɔ dâi 　　　　行ってもいいし，行かなくてもいい．

　phûu-chaai kɔ̂ɔ dâi, phûu-yǐŋ kɔ̂ɔ dâi 　男でもいいし，女でもいい．

　khrai kɔ̂ɔ dâi 　誰でもいい 　　　　thîi-nǎi kɔ̂ɔ dâi 　どこでもいい

答えは，省略できる部分は省略してかまいません．

　àan dâi 　読めます 　　　　àan mâi dâi 　読めません

　dâi 　できます 　　　　　　mâi dâi 　できません

可能性を示す àat（→100頁）の前に mâi を置くと「可能性の否定」を示します．可能を示す dâi と結んで用いられることが多いです．「…できるわけがない」といった意味です．

　mâi àat pai eeŋ dâi 　自分で行かれるわけがありません．

113

習慣や慣れによって獲得される能力的な可能は pen を使って表現します.

内容 + pen

---

kin plaa-dìp pen　　　刺身を食べられます.

wâi pen lέεo　　　　ワイ（合掌礼）ができるようになった.

  ＊ワイはタイ社会の挨拶の基本です. ワイすべき相手に, きちんとワイをで
  　きるように, 小さいときからしつけられます.

疑問文や否定文も dâi のときと同じように作ります.

dichán dàa khon mâi pen rɔ̀ɔk

　わたくしは人をののしることなんかできませんわ.

  ＊rɔ̀ɔk は mâi の付いた否定文に用いられて, 口語的なやわらかさを添えます.

khít pen tὲε tham mâi pen　　思いつきますが, 実行できません.

  ＊この場合, 本当に物理的にそれが不可能なことなのではなく, やり方を知
  　らず, どうやっていいのかわからないから「できない」ことを表わします.

khun kin khrûaŋ-nai mǔu pen lέεo châi mái

　あなたはブタの内蔵を食べられるようになったんでしょ?

  ＊lέεo は「...し終わった」という完了よりも,「...できるようになった」とい
  　う, 新事実の発現を示します.（→111頁）

忍耐によって可能であることは wǎi を使って表現します. 疑問文や否定
文の作り方, kɔ̂ɔ との結びつきなども dâi や pen と同じです.

内容 + wǎi

dəən 2 chûa-mooŋ kôɔ wǎi　　2時間でも歩けます.

khìi càkkrayaan pai rooŋ-rian thúk wan wǎi mái

　自転車に乗って毎日学校に行けますか?

mâi wǎi rɔ̀ɔk　klai ca taai　　できないよ, ひどく遠いよ.

　＊形容詞 + ca taai はネガティブな「ひどく...」を表わす口語表現です.

　　mâi ao, phɛɛŋ ca taai　要らないよ, ひどく高いよ.

pen phûan kan mâi wǎi lɛ́ɛo　　もう友達としてやっていけない.

【練習1】次のタイ文を日本語に訳してみましょう.　　　**DL ▶ 77**

1　nák-rian yɯɯm nǎŋ-sɯ̌ɯ càak hɔ̂ŋ-samùt dâi

　　＊ yɯɯm　借りる, hɔ̂ŋ-samùt　図書館

2　châo aphaatmen kôɔ dâi　＊ aphaatmen　アパート

3　khun yaai dəən pai talàat wǎi mái

4　cɔ̀ɔt rót thîi nîi mâi dâi　＊ cɔ̀ɔt　駐める

5　chán khàp rót pen lɛ́ɛo　＊ chán　わたし

【練習2】次の日本語をタイ語で書いてみましょう.

1　タイの国歌（phleeŋ châat）を歌えますか.

2　デーチャーは一人で（khon-diao）旅行できます.

3　ナムプリック（nám-phrík）を食べられます.

4　息子はワイができるようになりました.

5　あなたは歩けるの？（長い距離を）

115

14 結果の表現

　タイ語の動詞には大きな2つの区分があります．これは，その内容が，意志によって行なわれるものか，意志を越えた領分で行なわれるものか，という別で，ここでは前者を「意志動詞」，後者を「自発動詞」と呼ぶことにします．

　　意志動詞の例：pai「行く」　kin「食べる」　duu「見る」　faŋ「聴く」
　　　　　　　　 khɔ̌ɔ「乞う」　phûut「話す」　khâa「殺す」　ɔ̀ɔk「出す」
　　自発動詞の例：tòk「落ちる」　ɔ̀ɔk「出る」　taai「死ぬ」　kə̀ət「生まれる」
　　　　　　　　 dii-cai「喜ぶ」　khâo-cai「わかる」　rúu「知る」　hěn「見
　　　　　　　　 える」　dâi-yin「聞こえる」

　感情に関する動詞はすべて自発動詞です．たとえば，「喜ぶ」でも，喜ぼうという意志によって喜ぶことはできません．また，同じ動詞でも日本語にすると「出る」「出す」と，意志・自発両方の用法をもっているものもあります．この意志動詞と自発動詞を並べることで，その意志動詞の結果を表わすことができます．

DL▶78

faŋ	mâi	dâi-yin	聞いたが聞こえなかった．
聞く		聞こえる	
（意志動詞）		（自発動詞）	＊faŋ dâi-yin　聞いて，聞こえた

116

noon mâi làp   寝たが，寝つけなかった．

寝る   寝つく

（意志動詞）   （自発動詞）   ＊ noon làp   寝て，寝入った

pai mâi thùuk   行ったが，行きつかなかった．

行く   あたる

（意志動詞）（自発動詞）   ＊ pai thùuk   行きついた

　前課で学んだ dâi, pen, wǎi を使った可能表現も，もともとはこのような自発動詞を使った結果表現なのだと考えられます．ただし，それぞれ自発動詞としての意味が広く，漠然としたものに拡散してしまい，動詞として意識されることがなくなっているようです．

　そのため，dâi, pen, wǎi を使った可能表現は，基本的に意志動詞に対してのみ用いられます．

khâo-cai mâi dâi   理解できません．   →   ×

mâi khâo-cai   理解しません．   →   ○

　日本語では「理解できない」とか，「喜べない」など，心理作用についても，「できる」「できない」で言いますが，理解したり，喜んだりするのは，しようと思ってできるものではないので，タイ語では原則的に可能表現をとることはありません．「わからない」「うれしくない」となります．

　意志動詞と自発動詞の組み合わせは，ある程度までは定型化しています．よく使われるものを以下にあげます．

117

faŋ khâo-cai	聞いてわかる
faŋ mâi khâo-cai	聞いてわからない
faŋ ɔ̀ɔk	（外国語などを）聞いて意味がわかる
faŋ mâi ɔ̀ɔk	聞いて意味がわからない
faŋ rúu-rน̂aŋ	聞いて話がわかる
faŋ mâi rúu-rน̂aŋ	聞いて話がわからない
phûut ɔ̀ɔk	話してことばが出る
phûut mâi ɔ̀ɔk	話そうとしてもことばが出ない
mɔɔŋ hěn	見て，見える
mɔɔŋ mâi hěn	見ても見えない
khít ɔ̀ɔk	考えてアイデアが出る
khít mâi ɔ̀ɔk	考えてもアイデアが出ない
núk ɔ̀ɔk	思い出そうとして思い出す
núk mâi ɔ̀ɔk	思い出そうとしても思い出せない

　なお，このような組み合わせを使って，動作の終わり「…しおわる」などを表現することができます．

　còpはひとつのストーリーやまとまったカリキュラムなど，始まりと終わりがあるものについて「終わる」ことを言うことばです．

phûut còp	話しおわる	rian còp	卒業する
àan mâi còp	（話や本が）読みおわっていない		

　sètはひとつひとつの独立した単発的な行為について「終わる」ということばです．

118

tham khwaam-sa-àat sèt	掃除をしおわる
khǐan raai-ŋaan sèt	レポートを書きおわる
triam aahǎan yaŋ mâi sèt	食事をまだ用意しおえていない.

mòtはそこにあるすべてを「...し尽くしてしまう」という意味です.
mòtは他の自発動詞と結ぶこともできます.

kin khâao mòt	ご飯を食べ尽くした.	àan mòt	読み尽くした.
súɯ mòt	買い尽くした.	hěn mòt lɛ́ɛo	丸見えだ.

【練習1】 次のタイ文を日本語に訳してみましょう.　　　　　**DL▶79**

1　chán faŋ phaasǎa aŋkrìt mâi ɔ̀ɔk　＊phaasǎa aŋkrìt　英語

2　àan còp rǔɯ yaŋ

3　maalii tham ŋaan yaŋ mâi sèt

4　yók mɯɯ mâi khɯ̂n　＊yók　持ち上げる, mɯɯ　手, khɯ̂n　上がる

5　chái mòt lɛ́ɛo　＊chái　使う

【練習2】 次の日本語をタイ語で書いてみましょう.

1　あの人が見えますか.

2　5日間眠れません.

3　手紙を書きおわりました.

4　この町は遊びに行きつくしました.

5　何を話そうにもことばがでない.

119

15 被害の表現

　好ましくない事柄について「～に...される」と言うように表現するのは，次のような語法を用いて行ないます.

> thùuk + 人 + 動詞

DL▶80

thùuk mɛ̂ɛ tii 　　*母にぶたれる*
thùuk nǔu kàt 　　*ネズミに噛まれる*

　本来, thùukは動詞で「...に当たる」, 形容詞として用いて「正しい」「安い」という意味の語です. このかたちの文は, 「人」－「動詞」の部分を目的語（節）として, そのような事態に「当たる」というように理解することができますが, その動詞としての意味はごく拡散してしまっています（節を目的語とする動詞については91頁も合わせて参照してください）. 上の例文で言えば, mɛ̂ɛ tii「母がぶつ」, nǔu kàt「ネズミが噛む」という事態にthùuk「当たる」わけです.

　thùuk を使った被害の表現は, あくまで具体的な被害を表わします. 一般的な受け身「この本はシェイクスピアによって書かれた」「彼の寛容な性格は皆に好かれている」や, 巡り合わせに対する漠然とした被害の気分「彼は子供に先立たれた」「雨に降られて往生した」などには使いません. これらの文は, タイ語では単に「シェイクスピアが書いた」「皆が好いて

いる」「子供が先に死んだ」「雨が降った」としか表現できません.

「人」の部分が書かれていない場合もthùukを使って被害を表現できます.

thùuk lɔ̀ɔk　　だまされる

thùuk dàa　　ののしられる

thùukと他の動詞が並ぶことで，語感として「...される」というひとつの動詞のようになることもあります.

thùuk lɔ̀ɔk ŋâai　　たやすくだまされる（形容詞）

thùukのかわりにdoonを使っても同じ意味です.

doon plôn　　強盗される

【練習1】 次のタイ文を日本語に訳してみましょう.　　　　　**DL▶81**

1　thùuk mɛ̂ɛ-kháa talàat dàa　　*mɛ̂ɛ-kháa　女商人

2　thùuk khamooi naalikaa

3　thùuk rûn-phîi klɛ̂ɛŋ　　*rûn-phîi　先輩, klɛ̂ɛŋ　いじめる

【練習2】 次の日本語をタイ語で書いてみましょう.

1　警察に捕まった.

2　車にぶつけられた.（ぶつける：chon）

3　恋人にぶたれた.

121

16 「与える」と「させる」──hâiの用法（1）

　以前に学んだdâiやpenをはじめとして，タイ語の基礎的な動詞には多様な用法をもつものが少なくありません．hâiもそのひとつです．16課，17課，18課では，hâiのさまざまな用法について眺めてみましょう．

（1）hâiは一般動詞として「与える」という意味です．

> hâi ＋物＋人　　人に物を与える

DL▶82

mêε hâi ŋən phɔ̂ɔ　　お母さんはお父さんにお金を与える．

mǎa hâi aahǎan mεεo　犬はネコにエサを与える．

　＊直接目的語「...を」＋間接目的語「...に」という語順に注意してください．

（2）hâiは使役動詞として「...に〜させる」という文を作ります．

> hâi ＋人＋動詞（句）　　人に動詞（句）させる

mêε hâi mεεo càp nǔu　お母さんはネコにネズミを捕まえさせる．

hâi phîi-sǎao pai　　　姉に行かせる．

　このhâiは，構造的には前課で学んだthùukと同様，その後ろの人＋動

122

詞（句）をひとまとめにして目的語（節）にしている動詞だと考えられます．つまり，例文でいえば，「ネコがネズミを捕まえる」ということを「与えて」いるのが「ネコにネズミを捕まえさせる」ことなのだと考えればよいわけです．

hâi はもともと「与える」という意味の意志動詞ですので，この使役文の主語は意志をもちうる存在，生物である必要があります．

「人」の部分が表に出ていなくても同じです．

hâi maa　来させる．　　hâi wâat kaatuun　マンガを描かせる．

この形で使役を表現できるのは，動詞（句）が意志動詞である場合のみです．自発動詞の例は次の課で見ていきます．

【練習1】次のタイ文を日本語に訳してみましょう．　　　　**DL▶83**

1　mâi hâi kratàai khâo bâan

2　khun khruu hâi nák-rian tɔ̀ɔp kham-thǎam　＊kham-thǎam　質問

3　mɛ̂ɛ hâi phɔ̂ɔ pai thíŋ khayà　＊thíŋ khayà　ゴミを捨てる

4　câo-naai chɔ̂ɔp hâi deechaa pai khâo prachum　＊prachum　会議

　　　　　＊chɔ̂ɔp　「好きだ」以外に「よく〜する」という意味もあります．

【練習2】次の日本語をタイ語で書いてみましょう．

1　お父さんは娘に買い物に行かせる．

2　弟に腹一杯になるまで（con ìm）食べさせたい．

3　ぼくが話して（lâo）聞かせましょう．

4　恋人に知られたくない．

123

17　行為の帰結——hâi の用法 (2)

hâi は「...する」「...をなす」という意味の動詞 tham と結んで，表現の幅を広げます.

> ## A tham hâi B + 動詞　　AがBを...させた

日本語に訳してしまうと単なる使役文のようですが，この動詞が自発動詞であるところが異なります．この文の言いたいことは，Aを原因として，Bが...する（動詞）ことが起こった，ということです．ですから，Aが意志をもたない非生物であっても問題ありません.

DL ▶ 84

khruu-yài tham hâi rooŋ-rian sǐa-chɯ̂ɯ

校長　　　　　　　　学校　名が汚れる

校長が原因となって，学校の名が汚れた.

→　校長が学校の名を汚した.

khàao nán tham hâi sèetthakìt tòk-tàm

そのニュース　　　　　　景気　下落する

そのニュースが原因で，景気が下落した.

→　そのニュースが景気を下落させた.

A tham B hâi + 動詞　Aが（わざと）Bを...させた

　Aという意志をもちうる存在が，意志をもってBを...させる，という意味の文です．この場合，thamは使役の動詞として働いており，hâiは次の課で説明する「目標を表わすhâi」です．「...となるようにBをする」という意味です．この動詞は自発動詞または形容詞です．

mia tham sǔan hâi duu-dii khɯ̂n
女房　　　　庭　　　　より見映えよくなる

　女房が庭を（意志をもって）より見映えよくなるようにした．

【練習1】次のタイ文を日本語に訳してみましょう．　　　　DL▶85

1　kaan-plìan-cai khɔ̌ɔŋ kháo tham hâi mɛ̂ɛ kháo sǐa-cai

　　＊kaan-plìan-cai　心変わり

2　rɯ̂aŋ nán tham hâi mɯaŋ níi mii chɯ̂ɯ-sǐaŋ　　＊chɯ̂ɯ-sǐaŋ　名声

3　khàao mɯ̂a-waan-níi tham hâi prachaachon tòk-cai

　　＊prachaachon　国民，tòk-cai　驚く

【練習2】次の日本語をタイ語で書いてみましょう．

1　宗教はわたしたちに生命の意味（khwaam-mǎai）を考えさせる．

2　不景気（phaawá sèetthakìt tòk-tàm）のために政府（rátthabaan）は政策（nayoobaai）を変更した（plìan）.

3　この仕事（phǒn-ŋaan）が彼を有名にした．

125

18 行為の目標——hâi の用法 (3)

前課まで hâi が動詞として働く用法について学んできましたが, hâi にはそれ以外にも形容詞と結んで, その行為の目標「...になるように」を表現する用法があります. 動詞は意志動詞です.

> 動詞 (句) + **hâi** + 形容詞　[形容詞]になるように[動詞 (句)]する

DL▶86

láaŋ mɯɯ hâi sa-àat　清潔になるように（清潔に）手を洗う

càt hɔ̂ŋ hâi rîap-rɔ́ɔi　きちんとなるように（きちんと）部屋を片付ける

形容詞に dii「よい」を入れると,「よく...する」という漠然とした意味になります.

khít hâi dii ná　よく考えてね.

＊ná は文をやわらげたり, 念を押したりする助詞です.

また, 前置詞として, 後ろの名詞と結んで,「...のために」を表現します.

> 動詞 (句) + **hâi** + 名詞　[名詞]のために[動詞 (句)]してあげる

súɯ khɔ̌ɔŋ hâi mɛ̂ɛ　お母さんにものを買ってあげる.

126

＊この hâi は動詞「与える」ではありません．この文の時点では，まだお母さんにあげていません．買うことについて，説明しているのです．

rîit phâa hâi mia　　妻のためにアイロン掛けをしてあげる．

この用法で，hâi の後の名詞を省略することもできます．漠然と「...してあげる」という感じを表現します．

┌───┐
│ 動詞（句）＋ hâi　　...してあげる   │
└───┘

tham aahăan hâi　　ご飯を作ってあげる

súu hâi　　　　　　買ってあげる

ca bɔ̀ɔk hâi　　　　言ってあげる

＊これは口語でよく使う表現で，「（わかってないなぁ）じゃ，教えてやるよ」という語感です．

【練習1】次のタイ文を日本語に訳してみましょう．　　　　　　DL▶87

　1　tèŋ-nâa hâi sŭai　　＊tèŋ-nâa　化粧する

　2　nûat hâi phɔ̂ɔ

　3　súu plaa hâi mɛɛo

【練習2】次の日本語をタイ語で書いてみましょう．

　1　正確に（thùuk-tɔ̂ŋ）書く．

　2　恋人に絵（rûup）を描いてあげます．

　3　値段をまけて（lót raakhaa）あげます．

127

19 禁止・依頼と命令

禁止「...するな」は助動詞yàaを用いて表現します．禁止文の主語は二人称にきまっていますから，あえて書かれることはありません．

---

yàa + 動詞（句）　　...するな

DL▶88

yàa phûut sǐaŋ daŋ　　大声で話すな．

yàa pai nám-tòk　　滝に行くな．

「...するな」では語調が強すぎるときには，文末に語気の助詞náを置いて語調をやわらげます．ていねいの助詞khráp, khâを併用することもできます．

yàa líaŋ sàt ná　　動物を飼わないでね．

yàa maa sǎai ná　　遅刻しないでくださいね．

yàaの後ろの動詞は原則的には意志動詞に限られます．意志によって実現することしか禁じようがないからです．

相手に対する禁止ではなく，「...することを禁じる」という一般的な禁止は，動詞hâamを使います．hâamは人＋動詞（句）という節を目的語にとります．

rooŋ-rian hâam nák-rian lên máa

生徒　馬で遊ぶ＝競馬で賭けて遊ぶ

学校は生徒が競馬で賭けて遊ぶことを禁じる.

hâam khâo　立入禁止

依頼は,「...してください」という場合と,「...させてください」という場合があります.「...してください」という相手の行為についての依頼は,次のように表現します.

---

chûai + (相手の行為)動詞[句] + nɔ̀i または dûai　...してください

---

chûai sen chɯ̂ɯ nɔ̀i　　サインしてください.

chûai pai ráp lûuk dûai　子供を迎えに行ってください.

chûai は「助ける」という意味の動詞です.また,文末の nɔ̀i や dûai は本来はそれぞれ「ちょっと」「ついでに」という程の意味ですが,ここでは単に依頼文をソフトにするためにつけられています.

また,「...させてください」という自分の行為についての依頼は,次のように表現します.

---

khɔ̌ɔ + (自分の行為)動詞[句] + nɔ̀i または dûai　...させてください

---

khɔ̌ɔ chái yaaŋ-lóp nɔ̀i　消しゴムを使わせてください.

khɔ̌ɔ sadɛɛŋ khwaam-yin-dii dûai

喜びを表明させてください (＝お喜び申し上げます).

129

khɔ̌ɔは「乞う」という意味の動詞です．文末のnɔ̀iやdûaiは文をやわらげる働きをしています．

　khɔ̌ɔ「乞う」の後に目的語の名詞をおけば「…下さい」という意味になります．

khɔ̌ɔ nám-sôm　　　オレンジジュースを下さい．

khɔ̌ɔ aphai　　　　許しを下さい（許して下さい）．

khɔ̌ɔのついた依頼文にhâiを使った使役文が結ぶと，「…しますように」という祈願文となります．定型化したものとして覚えましょう．

khɔ̌ɔ hâi prasòp khwaam-sǎmrèt　　成功されますように．

khɔ̌ɔ hâi thúk thân mii khwaam-sùk

　　すべての皆様が幸せになりますように．

　タイ語には命令文といったような特別の文型はありません．文脈と語気で表現することになります．

klàp pai! nɔɔn thîi bâan!　　帰れ，家で寝てろ！

maa nîi!　こちらへ来い！

　語気を表わす文末の助詞ná（やわらげ），sî / sì（強め，念押し），thə̀（誘い）などを使って，命令や勧めを表現します．

pai dǐao-níi ná　　　　今，行きなさいね．

khǐan hâi dii nɔ̀i sî　　よく書いてよ.

pai duu sǔa kan thə̀　　トラを見に行きましょう.

＊kanは同じことを一緒にする，相互にすることを表わします.

試験問題など，書きことばで「…せよ」と命じる場合，助動詞coŋを用いて表現します.

coŋ woŋ-klom　丸をつけよ.　　＊woŋ-klom　丸（をつける）.

DL▶89

【練習1】次のタイ文を日本語に訳してみましょう.

1　yàa lɯɯm phîi ná　　＊phîi（女性の恋人に対する男の自称）

2　rátthabaan hâam prachaachon ɔ̀ɔk nɔ̂ɔk prathêet

3　chûai phûut chát-chát nɔ̀i　　＊chát-chát　はっきり

4　khɔ̌ɔ sâap thîi-yùu nɔ̀i khráp　　＊sâap　教える，thîi-yùu　住所

【練習2】次の日本語をタイ語で書いてみましょう.

1　簡単に（ŋâai-ŋâai）人を信じ（chûa）てはいけません.

2　ここでマンガを読むことを禁じます.

3　お寺へ連れていって（phaa pai）ください.

4　ちょっと見せていただけますか.

コラム4　タイ語のていねい表現

　タイ語はジェントルに話すとことが大切にされることばです．発音が多少わるくても，きちんとていねいに話す人は尊敬されるはずです．

　タイ語のていねいさは，①語彙によるもの，②言いまわしによるもの，③語気によるものがあります．また，一般のていねい語とはちがいますが，王族や僧侶用の単語もあって，重要なものは覚えておく必要があります．

　語彙によるていねい表現の第一は，文末のkhrápとkhâです．khrápは男性用，khâは女性用で，「ヤマダさん！」「はい」というような応答のことばでもあります．wâi「合掌礼」のように人間同士の社会的序列を表わすようなものではないので，気前よく，誰に対して使っても大丈夫です．ただし，小さな子供に対してkhrápは使いません．khrápはもともと宮廷語のkhɔ̌ɔ ráp「承りました」に由来するもので，子供に対してはなじまないのです．幼児に対しては，男性でもkhâを使います．また，khrápをkhápのようにタイ人が言っているように聞こえるかもしれませんが，実は［r］が気配だけ残っているのを，初心者の耳が聞きとれないだけです．きちんと［r］を入れて発音してください．

　また，普通の語彙よりていねいな語彙を使うこともあります．kin「食べる」というのを，thaan「いただく，召し上がる」と言ったり，rúu「知っている」というのをsâap「存じている」と言ったりするのがその例です．これらはいずれも外来語ですが，数は多くありません．

　言いまわしによるものは日本語と同じように婉曲に言ったり，あいまいさを残して言ったりすることで，ていねいさを表わします．「名前は何ですか」とズバリ訊くよりも，「名前をお尋ねしてもいいですか」と許可を

求める形や，「申し訳ありません．お名前を存じませんが…」と婉曲に言う方がていねいに聞こえるのです．また，本来は未然を表わすcaが，あきらかに過去の文脈の中で使われていることもありますが，これはcaのもつ不確定性を使った婉曲的表現，断定を避けるていねいさなのです．

　3つめの声の調子で表現されるていねいさも軽視できません．落ちついた，明朗な調子で話す人は，つまりrîap-rɔ́ɔi「きちんとした」，phûu-dii「上流の人」だというわけです．cai-yen「冷静でおだやか」なことが尊ばれます．大声で話すことは上品とはされません．

　外国人がちょっと戸惑うのは，対話の相手を何と呼んだらいいかということです．英語のyouにあたる便利な単語はタイ語にはありません．まず，自分との関係がはっきりしている人，たとえば「先生」とか「お父さん」とかは，aacaan，phɔ̂ɔとそのまま呼べばいいのですし，僧侶のように特別な身分であれば，決まった呼び方があります．同等以下の人に対して，もし名前を知っていれば，khun＋名前で呼べます．もし目上の人であれば，とりあえず周囲の人がどう呼んでいるか様子を見て，それにならうか，できるだけ呼ばない方針でむかうのがいいわけです．

　一般の語彙とは別に，王族用の単語（raachaa-sàp）があります．名詞では，cai「心」をphrá-harúthai，taa「目」をphrá-nêetなど，動詞では，phûut「言う」をtràt，kin「食べる」をsawɔ̌əiなどと言いかえをするのです．つまり，普通のタイ語の単語ではなく，カンボジア語や梵語を使って言うのです．動詞にsoŋを付けるのも基本的な王族語の作り方です．王族語に準じたものに僧侶に対しての語彙もあります．たとえばkin「食べる」をchǎnと言いかえて使うものです．王族語や僧侶語は安い語彙集がたくさん出ていますので，省略語集や難つづり集と同様，ひとつ手元に置いておくと便利です．

20 類別詞の用法（1）

　タイ語には「類別詞」（láksaná-naam）と呼ぶ一種の代名詞があります．タイ語の名詞は直接，数詞の修飾を受けませんし，他の修飾語も類別詞を介して名詞にかかる用法があります．類別詞は名詞の言わば代理人として，名詞に対する修飾語をかわって受けるものです．

DL▶90

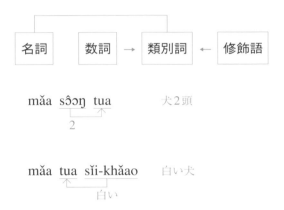

mǎa sɔ̌ɔŋ tua　　犬2頭

mǎa tua sǐi-khǎao　　白い犬

　類別詞は名詞それぞれのイメージをもとに決まっています．とくに類別詞が定まっていない名詞もあり，それはその名詞そのものが類別詞として使われます．

　この課では，類別詞が数詞を受ける場合について学びます．まず，代表的な類別詞をあげて，名詞との対応を示します．

134

khon	人間
tua	動物，机，イス，衣類，人形，文字
an	お菓子，など

an は khon や tua で受ける名詞以外のすべての名詞について類別詞として働くことができます．ただ，何でも an で受けていると，ちゃんとした類別詞を知らない無学な人だと思われかねませんから，他の類別詞も覚えてください．

bai	カバン，帽子，カード，皿，チケット	
lǎŋ	家，建物	
khan	車，カサ，自転車，自動車	
lêm	本，ナイフ，刀	＊細長いもの．本は貝葉です．
chabàp	雑誌，冊子，手紙	
phèn	紙，板，CD	＊平らで薄いイメージです．
khrûaŋ	機械，テレビ，電話	
kɔ̂ɔn	塊，石鹸，石ころ	
lam	船，飛行機	＊中空で葉巻形のイメージです．
dâam	ペン	
duaŋ	丸いもの，光るもの，星，電球	
hɛ̀ŋ	場所	
lûuk	果実の実，山	
dɔ̀ɔk	鍵，花	
thɛ̂ŋ	鉄棒，チョーク，鉛筆	
woŋ	音楽のバンド，指輪	＊円形のイメージ

tôn	樹木，天人，精霊，鬼
khûu	靴，靴下，手袋，夫婦　　＊対になったもの
nâa	ページ
rɯan	時計
khráŋ	回数
oŋ	僧侶，仏像，仏塔，王族
thîao	運行の便
phɯ̌ɯn	腰布，タオル，絨毯，ござ　　＊大きくてペラペラなもの
plɛɛŋ	土地，区画
rɯ̂aŋ	小説，映画，演劇　　＊完結したストーリーです．
sǎi	川，道　　＊両端の見えないベルト状のもの．
sên	ベルト，両端のあるもの，ネクタイ
	＊両端の見えるベルト状のもの．
kham	単語
bòt	詩
mét	種，錠剤
khabuan	行列，列車

名詞そのものが類別詞として用いられている例もたくさんあります．

wát	寺院（wát）
chanít	種類（chanít）

＊種類について言うときには何でも，これを類別詞とします．

prathêet	国（prathêet）
mɯaŋ	町（mɯaŋ）
bɔɔrisàt	会社（bɔɔrisàt）

136

類別詞は名詞の後ろに置かれ，数詞は類別詞の前からかかります．

dèk sǎam khon 　　　子供3人（khon：人を受ける類別詞）
子供　3

rɯa-bai pɛ̀ɛt lam 　　ヨット8隻（lam：船を受ける類別詞）
ヨット　　8

khâao-phàt kìi caan 　チャーハン何皿（caan：皿で供される料理の類別詞）
チャーハン　何

＊料理はそれが供される食器を類別詞とします．
　丼（chaam）　　椀（thûai）　　串（mái）　　ビン（khùat）
＊料理の種類について，「…品」と言われるようなときには，yàaŋ を類別詞と
　します．

数詞を受ける類別詞は一種の単位と考えても大丈夫です．類別詞の他に,
純粋に単位を表わす語もあります．

thîi-din hâa sìp râi 　　　土地50ライ（1ライは1600平方メートル）
土地　　　50

nám-nàk hòk sìp kìloo 　重さ60キログラム
重さ　　　60

その他には，次のようなものが単位として使われています．

taaraaŋ waa　　平方ワー（土地の単位，1平方ワーは4平方メートル）

lít　　リットル　　taaraaŋ méet　　平方メートル

méet　メートル　　lǎa　　ヤード

kram　グラム　　khìit　　100グラム（重さ［口語］）

bàat　　15グラム（重さ），バート（タイの通貨）

数量表現の前にtâŋを置くと，その数量が多いという主観「...も」を表わします．それに対して，khɛ̂ɛを置くと，それが少ないという主観「たった...しかない」を表わします．

ao maa tâŋ 50 bàat　　50バートももってきた．

lǎa yùu khɛ̂ɛ 10 bàat　　10バートしか残っていません．

なお，「AにつきB」という言い方は，次の2つの場合があります．

◇Aが1数量：1杯，1冊，1本などの場合

類別詞・単位	+ lá +	B

lêm lá 3 bàat　　1冊3バート

Bが1数量の場合，1（nɯ̀ŋ）を省略します．

khon lá lêm　　1人1冊ずつ

138

◇Aが複数量：3杯，4冊，10本などの場合

$$\boxed{A} + \boxed{B}$$ ＊láは入りません.

3 lêm l0 bàat   3冊10パート

【練習1】 次のタイ文を日本語に訳してみましょう.   **DL▶91**

1　deechaa súɯ khanǒm sɔ̌ɔŋ an   ＊khanǒm　お菓子

2　thîi bâan mii máa sìp tua   ＊máa　馬

3　nai caŋwàt níi mii mahǎa-wítthayaalai hòk hὲŋ   ＊caŋwàt　県

4　thaan kǔaitǐao tâŋ hâa chaam

5　maalii wâi-náam wan lá kìloo   ＊wâi-náam　泳ぐ

【練習2】 次の日本語をタイ語で書いてみましょう.

1　ここには何人の学生がいますか.

2　タイ語の先生は家を3軒しかもっていません.

3　彼は2種類の名刺（naambàt）を使っています.

4　何人子供がほしいですか.

5　2冊で5バートです.

139

21 類別詞の用法 (2)

　前課では数詞を受ける一種の単位としての類別詞の使い方を学びました．ここでは数詞以外の修飾語を受ける類別詞の用法を解説します．数詞以外の修飾語は後ろからかかります．

① **aacaan khon nǎi**　　どの先生（khon：人を受ける類別詞）
　　先生　　　どの
② **mǎa tua sǐi-khǐao**　　緑の犬（tua：動物を受ける類別詞）
　　犬　　　緑の　　　＊いろいろの色がまじっている毛色を「緑」といいます．
③ **rót khan mài**　　　新しい車（khan：車を受ける類別詞）
　　車　　　新しい
④ **mùak bai nán**　　　あの帽子（bai：帽子を受ける類別詞）
　　帽子　　　あの

　このうち，khonとtua以外の類別詞を使っている③と④の文については，その類別詞を抜きにして，形容詞や指示詞を直接，名詞にかけることもできます．

140

⑤ rót mài   新しい車
⑥ mùak nán   あの帽子

　類別詞が入った③と④と，入っていない⑤と⑥は，日本語になると同じですが，タイ語の概念の中では少し異なります．類別詞の付いた③と④には相対的な個別性が加わるのです．例えば，⑤では単に「その車が新しい」という状態を言っているだけですが，③では「（他の車もあるなかでの）新しい（方の）車である」と言っています．⑥は単にあそこにある帽子というだけですが，④ではいろいろ帽子があるなかでの，「あの帽子」と指定している感じなのです．

　khonやtuaを類別詞とする①や②でそれを抜きにした文が考えられないのは，khonやtuaで受ける名詞（人や動物）が，根本的に相対的で個別的な性質を内包しているからでしょう．人や動物はつねに，個別的であり，指定性をともなうわけです．

　ただし，たとえばnák-rìan-mài「新入生」と言うように，ひとつの熟語として考えられるものは，「一般的な意味での新しい学生」であって，個々人の個別的なことを言っていないのですから，khonはいらないわけです．

【練習1】　次のタイ文を日本語に訳してみましょう．　　　　**DL▶92**

1　sǎamii-phanrayaa khûu níi pen khon nǔa

　　＊sǎamii-phanrayaa　夫婦，nǔa　北の

2　nân rɯa-róp lam mài khɔ̌ɔŋ kɔɔŋ-tháp-rɯa thai

　　＊rɯa-róp　軍艦，kɔɔŋ-tháp-rɯa　海軍

3　mɛ̂ɛ-náam sǎai níi maa càak ciin

141

4 krapǎo bai sǐi-dɛɛŋ phɛɛŋ mái　　*sǐi-dɛɛŋ　赤い
5 nâŋ khrûaŋ-bin lam nǎi pai ná

【練習2】次の日本語をタイ語で書いてみましょう.
1 このネクタイ（nɛ́kthai）は高くありません.
2 あの家がぼくの家です.
3 このおかず（kàp-khâao）はおいしいね.
4 彼は厚い（nǎa）本を読んでいるところです.
5 白いお菓子はきっと甘くないでしょう.

タイ語福袋　タイのお経（その1）

　タイは国民の97パーセントまでが仏教徒だという世界一の仏教国
です. 外国の人もタイにいるとお寺に行ったり, お坊さんが読むお経
を聞いたりする機会が多いことでしょう. お経を「読む」と言いまし
たが, 日本の場合, 毎日のように唱えていて暗記しているお経であっ
てもしっかりと読むことが少なくないのに対して, タイではお坊さん
は基本的に無本で「唱え」ます. もともとパーリ語には文字がありま
せん. タイならタイ文字で, ビルマならビルマ文字でというように,
土地の字で表記されます. 最初に文字で伝わってきたのではなく, お
唱えする音で伝わってきたのです. 日本は538年に百済の聖明王がお
経や仏像を伝えてくれたのが始まりで, 最初から文字で伝えられまし
た. これがお経を読むことにつながるのでしょう.

文中の名詞に対して，説明の文が付くことがあります．これが関係節です．関係節は接続詞thîiによって導かれます．

名詞 + thîi + 関係節

DL▶93

mùak thîi súɯ mɯ̂a-waan-níi　　昨日買った帽子

　帽子　　　　昨日買った

khrɯ̂aŋ-bɛ̀ɛp thîi bɔɔrisàt hâi maa　　会社がくれた制服

　制服　　　　会社がくれた

thîiに導かれる関係詞は直接，名詞にかかります．類別詞を介してかかる場合は，「他の...ではなく」という強い特定性をともないます．前課で解説した類別詞の性質と同じです．

mùak　　　bai　　thîi súɯ mɯ̂a-waan-níi

帽子　（類別詞）　　　昨日買った

（他の帽子もあるなかでの）昨日買った帽子

143

「…と考える」「…と呼ぶ」などの引用「…と」は，接続詞 wâa によって導かれます．引用する内容は，単語であっても，文であってもかまいません．

fɛɛn bɔ̀ɔk wâa kháo mâi chɔ̂ɔp mɛɛo dam
恋人　言った …と　　彼は黒ネコがきらい

* mɛɛo dam は「黒いネコ」ではなく，「黒ネコ」という熟語になっています．

＊この kháo「彼」が「恋人」本人を指すのか，他の第三者を指すのかは，文脈によって判断することになります．

rúu-càk kham wâa maarayâat mâi khá
知っている ことば …という　礼儀　　…ですか
礼儀ということばをご存じかしら？

wâa を使った引用で，よく使われるその他の動詞をあげてみます．

rîak wâa ...	…と呼ぶ	chɯ̂a wâa ...	…だと信じる
dâi-yin wâa ...	…と聞く	phûut wâa ...	…と言う
tàt-sĭn-cai wâa ...	…と決心する	khâo-cai wâa ...	…だと理解する
cam-dâi wâa ...	…だと覚えている	rúu wâa ...	…と知っている

nîi phaasăa thai rîak wâa arai　これはタイ語では何と呼びますか．
これ　　タイ語　…と呼ぶ　何

＊何でも指をさしてタイ語での名を訊くことができます．nîi の代わりに日本語や英語の単語をおけば，その言葉をタイ語で何というのか問う文になります．

u-na-ŋi phaasăa thai rîak wâa arai ?
うなぎはタイ語で何といいますか．

144

感情の理由は接続詞 thîi によって導かれます.

yin-dii thîi dâi rúu-càk

　お知り合いになれて嬉しいです.（きまり文句です）

sǐa-cai thîi tham wɛ̌ɛn hǎai　　　指輪をなくして悲しい.

rúu-sɨ̀k nɔ́ɔi-cai thîi mâi dâi khɔ̌ɔŋ-khwǎn

　プレゼントをもらえなくて，すねた気分だ.

【練習1】 次のタイ文を日本語に訳してみましょう.　　　　　**DL▶94**

　1　deechaa khɔ̌əi bɔ̀ɔk wâa kháo pen sòot　　＊sòot　独身

　2　tàt-sǐn-cai wâa ca bùat talɔ̀ɔt chiiwít

　　　＊bùat　出家する, talɔ̀ɔt chiiwít　一生涯

　3　yaŋ cam-dâi wâa khun phɔ̂ɔ chɔ̂ɔp phleeŋ-lûuk-thûŋ

　　　＊phleeŋ-lûuk-thûŋ　タイ演歌

　4　mâi rúu wâa phîi-sǎao pai-thîao kàp khrai

　5　dâi-yin wâa rót rûn níi lə̂ək phalìt lɛ́ɛo

　　　＊rûn　年式, lə̂ək　やめる, phalìt　生産する

【練習2】 次の日本語をタイ語で書いてみましょう.

　1　彼ら（phûak kháo）は神（phrá-câo）が世界（lôok）を作った（sâaŋ）
　　と信じています.

　2　昨日，あなたは何と言いましたか.

　3　ぼくは彼がチエンマイに行かなければならないと思います.

　4　マンガは英語で何と言いますか.

　5　デーチャーは会社を辞める（laa-ɔ̀ɔk）ことを決心した.

145

23 条件と譲歩

　条件「もし...なら～」，譲歩「たとえ...でも～」という文は，それぞれ
の「...」の部分を thâa，mɛ́ɛ で導きます．主文「～」の部分には，述部
の一番前に kɔ̂ɔ が付きます．kɔ̂ɔ には具体的な意味はありませんが，条件
や譲歩に呼応して，主節を示す働きをしています．とくに thâa や mɛ́ɛ な
どの語がなくとも，条件・仮定・譲歩の意味があれば，それに続く主文に
は kɔ̂ɔ が用いられ，そのことで条件・仮定・譲歩の意味が感じられます．
kɔ̂ɔ は短く，kɔ̂ のように発音されることがほとんどです．

---

thâa..., kɔ̂ɔ ～　　　もし...なら，～

thâa khít-thɯ̌ŋ, kɔ̂ɔ maa khui dâi ná

　なつかしくなったら，おしゃべりに来てもいいですよ．

thâa mâi làp, kɔ̂ɔ àan nǎŋ-sɯ̌ɯ tɔ̀ɔ sì

　寝つけないのならば，本を読みつづけなよ．

　時間的な条件（今はそうではないけれど，もしそうなったら）は，mɯ̂a
によっても導かれます．

mɯ̂a mii ŋən, kɔ̂ɔ ca sɯ́ɯ rɯa-bai sák lam

　お金をもったら，ヨットの一隻でも買いますよ．

146

＊上の文の mûa がなくても文意は変わりません．主文に kôɔ があるため，mii ŋən が条件・仮定の節であることが感じられるのです．

譲渡を表わす「たとえ...でも」は mɛ́ɛ で導きます．mɛ́ɛ tɛ̀ɛ や mɛ́ɛ wâa とつづけても意味は変わりません．

> ## mɛ́ɛ..., kôɔ 〜   たとえ...でも，〜

mɛ́ɛ hâi frii, kôɔ mâi ao   タダでくれるとしても，要らない．

＊frii は本来のタイ語にはない音ですが，英語の free をうつすのに使います．

mɛ́ɛ ɔ̀t taai, kôɔ mâi pai khɔ̌ɔ kháo rɔ̀ɔk

たとえ飢え死んだって，彼のところに乞いにはいかないよ．

mɛ́ɛ などの接続詞がなくても文意は変わりません．主文の kôɔ があるために，その前の部分が条件・仮定・譲歩を表わすということが感じられるからです．

thɛ̌ɛm ŋən, kôɔ mâi ao rɔ̀ɔk   お金をおまけに付けたって，いやだよ．

【練習1】 次のタイ文を日本語に訳してみましょう．   DL▶96

1　thâa chɔ̂ɔp kháo ciŋ-ciŋ, kôɔ tôŋ bɔ̀ɔk troŋ-troŋ

＊ciŋ-ciŋ　本当に．troŋ-troŋ　率直に

147

2　mûa thǔŋ rúduu fǒn, rooŋ-rian kɔ̂ɔ hâam nák-rian pai lên-náam
　　thîi mɛ̂ɛ-náam khɔ̌ɔŋ

　　＊thǔŋ　至る，rúduu fǒn　雨季，lên-náam　水遊びする，mɛ̂ɛ-náam
　　　khɔ̌ɔŋ　メコン川

3　mɛ́ɛ mâi mii khrai ca ram, chán kɔ̂ɔ ca ram khon-diao

　　＊ram　踊る

【練習2】 次の日本語をタイ語で書いてみましょう.

1　もし彼が行きたくないのなら，ぼくが代わりに（thɛɛn）行きます.
2　もしも大学が破産（céŋ）したら，先生は旅芸人（waníphók）にな
　　るつもりでしょ.
3　たとえ大雨が降（fǒn tòk yài）っても，水泳に行きます.

タイ語福袋　タイのお経（その2）

　タイのお経のメロディアスな響きに驚かれる方も多いと思います.
それぞれの地方やそれぞれのお寺によって，またお寺の属する宗派に
よって，多少の違いはありますが，棒読みをするお経はありません.
アラハン・サンマーサンプットー・パカワーから始まる基本の偈文な
ど，小学生でも唱えることができるのも，歌のような節が付いている
からで，棒読みではかえって覚えられないのかもしれません. お経の
美しい節回しがさまざまな芸術を生んでいったのは日本と同じです.
声の良い美貌のお坊さんがきれいな節回しでお経を読むと，女性陣は
黙っていません. 夢中になって追っかけをするファンも現われます.
宮中の女官たちに人気のあったお坊さんがそのために罪に問われた平
安時代もかくやと思われます.

24 疑問詞のまとめ

「イエス」「ノー」で答えられる単純な疑問文は，文末に決まった疑問の表現を付けることで作りました（→35頁）．それ以外の疑問文は，さまざまな疑問詞を使って作ります．この本の最後の課となりますが，これらの疑問詞を代表的な用例とともにまとめてみることにしましょう．

◇ **arai**

arai は名詞「何」です．一般の名詞と同じように，主語にもなれば，動詞の目的語にもなり，他の名詞を後ろから修飾して「何の…」という意味にもなります．また，前置詞と結ぶこともできます．

DL▶97

nân arai	あれは何ですか？
nân anúsǎawarii arai	あれは何の記念碑ですか？

arai は不定名詞「何か」でもあります．

khít arai yùu rǔɯ plàao	何か考えているのですか．
plàao, mâi mii arai	いや，何でもないです（何もありません）．

＊否定の mâi と共に用いると「何も…ない」という全部否定です．

一般に疑問詞は -rai で終わるものが多いのですが，これは要するに，

149

-rai に「何」という疑問・不定の意味があって，それが別の語に付いたものだと考えられます．arai は an-rai，khrai は khon-rai といった具合です．

◇ **khrai**

khrai は名詞「誰」です．arai「何」と同様，主語にも，動詞の目的語にも，他の名詞の修飾語にもなります．前置詞と結ぶことも同じです．

nân khɔ̌ɔŋ khrai　あれは誰のですか？

＊前置詞句ですが，かかっている先の名詞は省略されています．対話者にとって自明であることは，省略するのが自然です．

khun ca lûak khrai　あなたは誰を選びますか？

khrai は不定名詞「誰か」でもあります．

thîi bâan mii khrai rɯ̌ɯ plàao　家には誰かいますか．
dǐao-níi mâi mii khrai　今，誰もいません．

＊否定の mâi と共に用いると「誰も...ない」という全部否定です．

◇ **mûa-rài**

mûa-rài は「いつ」です．具体的に何時かを訊くのは kìi mooŋ ですが，mûa-rài はもっと広く，漠然とした「いつ」です．通常はかかる部分の後ろに置きます．

khun mɛ̂ɛ ca klàp maa mûa-rài　お母さんはいつ帰ってくるのですか？

文頭や述部の先頭に置くと，ちょっと焦れて怒っている感じになります．

khun mɛ̂ɛ mɯ̂a-rài ca klàp maa

　お母さんはいったいいつになったら帰ってくるんだ？

◇ **thîi-nǎi**

thîi-nǎi は広い場所でも狭い場所についても使える万能の「どこ」です．
所在の動詞 yùu の後ろに置かれるほか，前置詞句として名詞や動詞を修飾
します．

　thoorasàp yùu thîi-nǎi　　電話はどこにありますか？

　tham-ŋaan yùu thîi-nǎi　　どこで働いていますか？

　＊ yùu は継続の助詞「…している」で，tham-ŋaan にかかっています．

　phaasǎa têɛ-cǐu pen phaasǎa thîi-nǎi　　潮州語はどこの言語ですか？

　＊「潮州語」はタイ華僑の最大グループのことば．汕頭のあたりのことばです．

◇ **tham-mai**

tham-mai は「なぜ」です．通常は文頭に置きます．

tham-mai thîi mɯaŋ thai mii kathəəi yɛ́ lâ

どうしてタイにはおかまの人がたくさんいるんだい？

　＊ lâ は疑問や確認の語気を表わします．

かかる部分の後ろに置くと，非難しているような語感となります．

âo!　càp mɯɯ chán tham-mai　　あれ！　どうして手なんか触るのよ！

＊この文は，声の調子によっては「甘い許諾」を表わします．

151

◇ **thâo-rài**

thâo-rài は漠然とした量や数量を問う「どのくらい」です．お金を問う
ほか，他の形容詞の後ろについて，「どのくらい...な」という疑問を表わ
します．

sûa tua níi thâo-rài khá　　この服はいくらですか.

saphaan níi yaao thâo-rài　この橋はどのくらい長いですか.

◇ **yàaŋ-rai**

yàaŋ rai は「どのように」です．かかる部分の後ろに置いて使います．

thúk wan pai tham-ŋaan yàaŋ-rai　毎日，どのようにして仕事に行きますか?

kháo phûut yàaŋ-rai, phɔ̂ɔ-mɛ̂ɛ kɔ̂ɔ mâi chûa

　彼がどのように言っても，両親は信じなかった.

＊ kɔ̂ɔ があるために，接続詞はなくとも前半が譲歩節であることが感じられ
　　ます．

phǒnlamáai níi kin yàaŋ-rai dii

　この果物はどうやって食べればいいのだろう?

＊疑問詞の後ろに dii「よい」を置くと，「...すればよいか」という意味となり
　　ます．

　　kin arai dii　　　　　何を食べればいいか?

　　lên kàp khrai dii　　誰と遊ぶのがいいか?

　　pai mûa-rài dii　　　いつ行ったらいいか?

kin yàaŋ-rai kɔ̂ɔ dâi　　どうやって食べてもいいです.

＊疑問詞の後ろに kɔ̂ɔ dâi を付けると，「...でもよい」という意味になります.
疑問の数詞 kìi の付いた名詞も同じです. kɔ̂ɔ は短く, kɔ̂ のように発音されます.

arai kɔ̂ɔ dâi	何でもいい.
khrai kɔ̂ɔ dâi	誰でもいい.
mɯ̂a-rài kɔ̂ɔ dâi	いつでもいい.
kìi mooŋ kɔ̂ɔ dâi	何時でもいい.
kìi khon kɔ̂ɔ dâi	何人でもいい.

【練習1】 次のタイ文を日本語に訳してみましょう.　　　　**DL▶98**

1　khâa-pratuu thâo-rài

2　săamii ca klàp bâan kìi mooŋ

3　khun rúu mái wâa nân anúsăawarii arai

4　khɯɯn níi ca phák thîi-năi　　＊khɯɯn níi　今晩

5　tham-mai mâi pai hăa mɔ̌ɔ　　＊pai hăa　訪問する

　　　　　　　　　　　　　　　pai hăa mɔ̌ɔ　医者にかかる

【練習2】 次の日本語をタイ語で書いてみましょう.

1　このバスはどこから来たのですか.

2　ここにはいつから泊まっているのですか.

3　あの人は何を召しあがっているのですか.

　　　　　　　　　（食べる kin，召しあがる／いただく thaan）

4　部屋代はいくらですか.

5　明日，何時に家を出ますか.

153

練習問題の答え

第1部

第3課　練習1
1　カニは時計を見る.
2　ヘビはねぼける.
3　おじいさんはよい田んぼをもっている.
4　天人は薬を待つ.
5　デーチャーは茶をそそぐ.

第3課　練習2
1　maalii duu puu
2　puu thalee lamǝǝ
3　ŋuu maa thalee
4　taa deechaa mii weelaa
5　theewadaa duu sadɯɯ deechaa

第4課　練習1
1　シャムネコ（タイのネコ）はビールをなめる.
2　デーチャーは船を待つ.
3　牛はラオスに行く.
4　農民は海に行く.
5　マーリーのおじいさんはバイクをもっている.

第4課　練習2
1　khɔɔ ŋuu yaao
2　mia deechaa ruai

3　maalii phaai rɯa
4　chaao-naa thai cai-dii
5　yaai duu muai thai

第4課　練習3
1　タイの天人は何を見ますか.
2　何茶をもっていますか.
3　マーリーは何ガニを見つけましたか.

第4課　練習4
1　chaao-naa thai lia arai
2　lamǝǝ arai
3　taa mii yaa arai

第5課　練習1
1　ラオス茶をとります.
2　おかまの人はビールに酔う.
3　海の景色を見る.
4　カニは時計を盗む.

第5課　練習2
1　rao lǝǝi naa
2　deechaa ao kaafɛɛ
3　maalii phaai rɯa reo
4　yaai rao mii tao

154

第6課　練習
1　rao klua wua
2　khwaai khrai mao bia
3　mɛɛo pai klai
4　taa pai praisanii
5　ŋuu khamooi traa khruu

第7課　練習1
1　お母さんは何という名ですか.
2　おじいさんはミャンマーに遊びに行く.
3　おじさんは大きな服を着る.
4　デーチャーは新しい港に行く.
5　マーリーのお父さんはハンサムです.

第7課　練習2
1　khruu-yài pai thâa-rɨa
2　phîi-chaai sài sɨ̂a mêɛ
3　khài tào thalee prîao
4　mêɛ-mâai mao lâo
5　phɔ̂ɔ càai khâa-pratuu

第8課　練習1
1　払わない. ／2　とらない.
3　恐れない. ／4　着ない, 入れない.
5　長くない. ／6　大きくない.
7　速くない. ／8　遊びに行かない.

第8課　練習2
1　khruu rao mâi klua khruu-yài
2　sɔ̌ɔi rao mâi yaao

3　phîi-chaai mâi pai-thîao phamâa
4　kathəəi laao mâi cai-dii
5　khài-ciao maaleesia mâi arɔ̀i

第8課　練習3
1　デーチャーのお父さんはハンサムだが, デーチャーはハンサムではない.
2　船を待ったが来ない.
3　金持ちではないがやさしい.
4　先生に会わない.
5　デーチャーのネコは名前がない.

第8課　練習4
1　父もハンサムだが, 兄もハンサムだ.
2　牛は遊びに行き, 水牛も遊びに行く.
3　酒もおいしく, 米も新しい.
4　マーリーもミャンマーに遊びに行く.
5　お兄さん（お姉さん）も塩を入れません.

第9課　練習
1　phîi-sǎao pai-thîao kaolǐi
2　maalii sɨ́ɨ khài kài
3　kháo chɨ̂ɨ deechaa
4　yaai kɛ̀ɛ tɛ̀ɛ sǔai
5　mǎa thai rúu phaasǎa thai

155

第10課　練習1
1 タイのクイティアオはおいしいですか.
2 デーチャーは疲れましたか.
3 マーリーが遊びに来るんですか.
4 兄さん（姉さん）はチケットを買うんでしょ.
5 お母さんは鶏と魚の世話をする.

第10課　練習2
1 sɔɔi níi yaao mái
2 kathəəi phamâa mâi sǔai châi mái
3 càai khâa-pratuu rǔɯ
4 sǔa mii laai sǔai châi mái
5 kháo ruai lɛ́ lɔ̀ɔ

第11課　練習
1 phǒm kin tôm-yam kûŋ
2 aacaan dichán súɯ phɛ̌ɛn-thîi mɯaŋ-thai
3 maalii cɔɔŋ hɔ̂ŋ rooŋ-rɛɛm
4 deechaa nâŋ khrɯ̂aŋ-bin
5 khon nán àan nǎŋ-sɯ̌ɯ phaasǎa thai
6 phɔ̂ɔ phǒm mii ráan aahǎan thai

第12課　練習
1 dichán chɔ̂ɔp hɔ̂ŋ sa-àat
2 lâap yaai phèt mâak
3 dèk lék rîak mɛ̂ɛ
4 maalii nûat phɔ̂ɔ

5 dichán phûut phaasǎa thai

第2部
第1課　練習1
1 sɔ̌ɔŋ phan sǎam rɔ́ɔi cèt sìp hâa
2 sɔ̌ɔŋ phan hâa rɔ́ɔi sìi sìp kâao
3 hòk mɯ̀ɯn kâo phan yîi sìp sìi
4 nɯ̀ŋ sɛ̌ɛn pɛ̀ɛt mɯ̀ɯn hòk phan hâa rɔ́ɔi
5 sìi láan sɔ̌ɔŋ sɛ̌ɛn

第1課　練習2
1 sǎam sìp kìloo
2 hâa rɔ́ɔi méet
3 sìp hâa khráŋ
4 kìi wan
5 rɔ́ɔi yîi sìp râi

第3課　練習1
1 姉は毎日, 市場に行きます.
2 3月には, ぼくは学校に行かない.
3 父はこの家を去年, 買いました.
4 あと3カ月したら, このお店はつぶれるにちがいない.
5 ラオスに何日間, 遊びに行きますか.

第3課　練習2
1 wan níi pai chiaŋ-mài
2 phrûŋ-níi deechaa klàp yîipùn
3 mɯ̂a-waan-níi khun maalii pai thîao wát-phrá-kɛ̂ɛo mái

156

4 phǒm maa mɯaŋ-thai sǎam pii
kɔ̀ɔn

5 khun kə̀ət pii arai

第4課　練習1
1 母は午前5時に起きます．
2 午後に，あなたは何をしますか．
3 姉は午前4時頃に帰宅した．
4 汽車は何時に出ますか．
5 船に2時間乗る．

第4課　練習2
1 phɔ̂ɔ nɔɔn sǎam thûm
2 khrai maa tɔɔn cháao
3 khrɯ̂aŋ-bin rao ɔ̀ɔk yîi sìp sɔ̌ɔŋ
naalikaa sìp naathii
4 muai thai rə̂əm kìi mooŋ
5 mɯ̂a-waan-níi àan nǎŋ-sɯ̌ɯ sǎam
chûa-mooŋ

第5課　練習1
1 私たちは日本人です．
2 ぼくは農民ではありません．
3 これはぼくの会社です．
4 お母さんはお医者さんなんでしょ．
5 あれはエメラルド寺院ですか．

第5課　練習2
1 fɛɛn dichán pen khon thai
2 thanǒn níi pen thanǒn sǐi-lom rɯ̌ɯ
plàao
3 nîi mâi châi khâao-man-kài

4 nân kɔ̂ɔ thanaakhaan châi mái

5 nîi anúsǎawarii arai

第6課　練習1
1 兄は市場で買い物をする．
2 犬は車の下で寝る．
3 鳥は屋根の上で鳴く．
4 学校の横で友だちを待つ．
5 生徒はトイレの中でタバコを吸う．

第6課　練習2
1 khun mɛ̂ɛ khǎai rɔɔŋ-tháao thîi
sayǎam
2 kin khâao thɛ̌ɛo sathǎanii rót-fai
3 rɔ́ɔŋ-hâi nâa hɔ̂ŋ cáo-naai
4 sák-phâa thîi nám-tòk
5 mɯ̂a-waan-níi sɯ́ɯ thîi maa-bun-
khrooŋ

第7課　練習1
1 ネコはお寺にいる．
2 お金はカバンの中にある．
3 ぼくの会社はチエンマイにある．
4 鉄道の駅はどこにありますか．
5 そこには銀行はありますか．
6 部屋の中にはトイレはありますか．

第7課　練習2
1 kài yùu bon tôn-máai
2 lûuk-chaai yùu thîi mahǎa-
wítthayaalai
3 thîi wát mii phrá-phúttharûup

4 rɔɔŋ-tháao khun yùu thîi-nǎi
5 thîi nîi mii arai
6 thěɛo níi mii súppəə mái

第8課　練習1
1 タイにいつからいますか.
2 彼はぼくより先に話した.
3 何時まで仕事をしますか.
4 ＣＭの間にトイレに行く.
5 夜9時以後はマンガを読みます.

第8課　練習2
1 muai thai rɔ̂əm kìi mooŋ
2 khun taa nɔɔn kɔ̀ɔn sɔ̌ɔŋ thûm
3 àan nǎŋ-sɰ̌ɰ thɰ̌ŋ tii nɯ̀n
4 kin yaa lǎŋ aahǎan
5 tham khwaam-sa-àat tɛ̀ɛ cháao

第8課　練習3
1 あれは妻の会社です.
2 シャムネコはイルカよりも頭がいい.
3 これはペットに関する本です.
4 友だちと家を借りています.
5 わたしたちは日本から来ました.

第8課　練習4
1 pai-thîao thalee kàp phîi-chaai
2 nân krapǎo khɔ̌ɔŋ aacaan châi mái
3 rót-mee níi maa càak thîi-nǎi
　　　　　　（thîi は省略できます）

4 bâan kháo yài kwàa bâan khɔ̌ɔŋ phɔ̂ɔ
5 khrai rian kìao-kàp mɯaŋ-thai

第9課　練習1
1 女房とケンカしたことはありません.
2 インド映画を見に行きたい.
3 授業料を払わなければなりません.
4 今日は運動しなかった.
5 夜ふかしをすべきではない.
6 あまり考えすぎないでもいい.
7 以前，先生は家庭をもっていた.
8 日本に帰りたくない.

第9課　練習2
1 tôŋ sɯ́ɯ tǔa
2 yàak rian nûat-phɛ̌ɛn-booraan
3 khɔ̌əi líaŋ mɛɛo rɯ̌ɯ plàao
4 mûa-waan mâi dâi khǐan còt-mǎai châi mái
5 mâi khuan pai sǎai
6 yàak pen mǎa-khâaŋ-thanǒn
7 phrá-mahǎa-kasàt thai tôŋ pen phúttha-sàatsaníkachon
8 mâi tôŋ moohǒo

第10課　練習1
1 明日，ウボンに行きます.
2 彼は了解するかもしれません.
3 恋人の誕生日を忘れるところでした.

158

4　マーリーは日本語を勉強している
　　ところです.
5　お父さんはきっとがっかりするに
　　ちがいありません.
6　デーチャーはきっと知りません.
7　サチコさんはお医者さんと結婚し
　　たばかりです.

第10課　練習2
1　phǒm àat mâi pai
2　pii nâa ca pai-thîao india kàp
　　sǎamii
3　kamlaŋ sák phâa-chét-tua yùu
4　kuu kùap rɔ́ɔŋ-hâi
5　khun mɛ̂ɛ àat ca rúu
6　rao phɯ̂ŋ pen phɯ̂an kan
7　phîi-sǎao kháo tôŋ sǔai nɛ̂ɛ

第11課　練習1
1　彼がほほえみかけてきた.
2　黒ネコが走って出ていった.
3　症状が悪化した.
4　この話は覚えておかなくてはなら
　　ない.
5　ずっとよくなった.

第11課　練習2
1　phɯ̂an phîi-sâao kháo maa
2　waaŋ wái thîi nîi ná
3　dèk-dɛɛŋ nàk khɯ̂n thúk wan
4　mɛ̂ɛ pen khruu maa yîi sìp pii
5　càp wái

第12課　練習1
1　お金がまだ足りません.
2　もうご飯を食べましたか.
3　先生は家をもう買いました.
4　もう入場券を支払いましたか.
5　お父さんはまだ年とってないんで
　　しょ.

第12課　練習2
1　yaŋ mâi pai
2　aacaan tɛ̀ŋ-ŋaan lɛ́ɛo rɯ́ yaŋ
3　ìm lɛ́ɛo
4　yaŋ mâi nɯ̀ai rɯ̌ɯ
5　cəə krapǎo lɛ́ɛo rɯ́ yaŋ

第13課　練習1
1　生徒は図書館から本を借りること
　　ができる.
2　アパートを借りてもよい.
3　おばあさんは市場まで歩いて行け
　　ますか.
4　ここに駐車できません.
5　わたしは車を運転できるようにな
　　った.

第13課　練習2
1　rɔ́ɔŋ phleeŋ châat thai dâi mái
2　deechaa dəən-thaaŋ khon-diao
　　dâi
3　kin nám-phrík pen
4　lûuk-chaai wâi pen lɛ́ɛo
5　khun dəən wǎi rɯ̌ɯ

第14課　練習1

1　あたしは英語は聞いてもわからない.
2　もう読みおわりましたか.
3　マーリーはまだ仕事がおわりません.
4　手がもちあがりません.
5　全部使ってしまいました.

第14課　練習2

1　hěn khon nán mâi
2　nɔɔn mâi làp hâa wan
3　khǐan còt-mǎai sèt
4　mɯaŋ níi pai-thîao mòt
5　ca phûut arai kɔ̂ɔ phûut mâi ɔ̀ɔk

第15課　練習1

1　市場の女商人にどなられる.
2　時計を盗まれる.
3　先輩にいじめられる.

第15課　練習2

1　thùuk tamrùat càp
2　doon (thùuk) rót chon
3　doon fɛɛn tii

第16課　練習1

1　ウサギを家に入らせない.
2　先生は生徒に質問に答えさせる.
3　母は父にゴミを捨てに行かせる.
4　上司はよくデーチャーを会議に出席しに行かせる.

第16課　練習2

1　phɔ̌ɔ hâi lûuk-sǎao pai súu-khɔ̌ɔŋ
2　yàak hâi nɔ́ɔŋ-chaai kin con ìm
3　phǒm ca lâo hâi faŋ
4　mâi yàak hâi fɛɛn rúu

第17課　練習1

1　彼の心変わりは彼の母を悲しませた.
2　その話はこの町を有名にした.
3　昨日のニュースは国民を驚かせた.

第17課　練習2

1　sàatsanǎa tham hâi rao khít-thǔŋ khwaam-mǎai khɔ̌ɔŋ chiiwít
2　phaawá sèetthakìt tòk-tàm tham hâi rátthabaan plìan nayoobaai
3　phǒn-ŋaan níi tham hâi kháo mii chɯ̂ɯ-sǐaŋ

第18課　練習1

1　きれいにお化粧する.
2　お父さんにあんましてあげる.
3　ネコに魚を買ってあげる.

第18課　練習2

1　khǐan hâi thùuk-tôŋ
2　wâat rûup hâi fɛɛn
3　lót raakhaa hâi

第19課　練習1

1　ぼくを忘れないでね（女の恋人に

対して男が自分を phîi［兄］と呼んでいます).
2 政府は国民が国外に出ることを禁止した.
3 ちょっとはっきり話してください.
4 住所を教えてください.

第19課　練習2
1 yàa chน̂a khon ŋâai-ŋâai
2 hâam àan kaatuun thîi nîi
3 chûai phaa pai wát nɔ̀i
4 khɔ̌ɔ duu nɔ̀i dâi mái

第20課　練習1
1 デーチャーはお菓子を2ケ買います.
2 家には馬が10頭います.
3 この県には大学が6ヶ所もあります.
4 5杯もクイティアオを食べた.
5 マーリーは1日1キロ泳ぎます.

第20課　練習2
1 thîi nîi mii nák-sน̀ksǎa kìi khon
2 aacaan phaasǎa thai mii bâan khɛ̂ɛ sǎam lǎŋ
3 kháo mii naambàt sɔ̌ɔŋ chanít
4 yàak mii lûuk kìi khon
5 sɔ̌ɔŋ lêm hâa bàat

第21課　練習1
1 この夫婦は北部人です.

2 あれはタイ海軍の新しい軍艦です.
3 この川は中国から来ています.
4 赤いカバンは高いですか.
5 どの飛行機に乗っていくのかな.

第21課　練習2
1 nékthai sên níi mâi phɛɛŋ
2 bâan lǎŋ nán pen bâan phǒm
3 kàp-khâao caan níi arɔ̀i ná
4 kháo kamlaŋ àan nǎŋ-sน̌น lêm nǎa yùu
5 khanǒm an sǐi-khǎao khoŋ mâi wǎan

第22課　練習1
1 デーチャーは彼が独身だと言ったことがあります（「彼」がデーチャーであるのか，第3者であるのかは文脈によります).
2 一生涯，出家しようと決心した.
3 お父さんはタイ演歌が好きだったことを今でも覚えています.
4 姉が誰と遊びに行ったか知りません.
5 この年式の車は生産を中止したと聞きました.

第22課　練習2
1 phûak kháo chน̂a wâa phrá-câo sâaŋ lôok
2 mน̂a-waan khun phûut wâa arai
3 phǒm khít wâa kháo tôŋ pai

161

chiaŋ-mài
4 kaatuun phaasăa aŋkrìt rîak wâa arai
5 deechaa tàt-sĭn-cai wâa ca laa-ɔ̀ɔk càak bɔɔrísàt
　　（会社から辞めると表現します）

第23課　練習1
1 もし彼を本当に好きなのなら，率直に言わなければなりません．
2 雨季になったら，学校は生徒がメコン川に水遊びに行くことを禁じます．
3 たとえ誰も踊らなくても，あたし一人で踊ります．

第23課　練習2
1 thâa kháo mâi yàak pai, phŏm kɔ̆ɔ ca pai thɛɛn
2 thâa mahăa-wítthayaalai ca céŋ, aacaan kɔ̂ɔ ca pen waníphók châi mái

3 mɛ́ɛ fŏn tòk yài, kɔ̂ɔ pai wâi-náam　（fŏn tòk nàk の方が普通の言い方です）

第24課　練習1
1 入場料はいくらですか．
2 ご主人は何時に家に帰りますか．
3 あなたはあれが何の記念碑か知っていますか．
4 今晩，どこへ泊まればいいのだろう．
5 どうしてお医者さんに行かないのですか．

第24課　練習2
1 rót-mee níi maa càak thîi-năi　　　（thîi は省略可です）
2 phák yùu thîi nĭi tâŋ-tɛ̀ɛ mûa-rài
3 khon nán thaan arai yùu
4 khâa hôŋ thâo-rài
5 phrûŋ-níi ɔ̀ɔk càak bâan kìi mooŋ

タイ語福袋　お金と銀

　タイ語には漢語と共通の，漢字で書くことのできる単語がたくさんあります．ŋən もその一つで，漢字で書くと「銀」です．この単語にはマネーという意味とシルバーという意味の2つがあります．中国では，長い間銀が基準の通貨でした．銀イコールお金だったわけです．それで中国の経済圏だった国々ではバンクのことを今でも銀のお店，銀行（日本ではギンコウ，韓国ではウネン）と呼んでいます．タイ語ではthanaakhaanとサンスクリットから作った単語で呼んでいます．

著者紹介
山田 均（やまだ ひとし）
　1959 年生。早稲田大学第一文学部東洋哲学科卒業。仏教学と梵語を学ぶ。
論文「タイ仏教僧団の研究」で小野梓学術賞。論文「タンマユット派の
研究」により博士（文学、早稲田大学）。武蔵野大学教授。
　主要著書
『タイ語のかたち』『タイ語の耳』『タイ語の目』（白水社）
『世界語楽紀行　旅するタイ語』（日本放送出版局、監修）
『キーワードで覚える！やさしいタイ語会話』（ユニコム）
『タイ仏教教団タンマユット派の研究』（五曜書房）
『タイ　自由と情熱の仏教徒たち』（三修社）
『世界の食文化　タイ』（農山漁村文化協会）
『タイを歩く』（You 出版局）
『タイの壺』『タイの鍵』『タイこだわり生活図鑑』（トラベルジャーナル）

発音と文法のしくみを楽しく学ぶ
タイ語の耳［新版］

2022 年 12 月 9 日　印刷
2023 年 1 月 5 日　発行

著　者 ⓒ　山　田　　　均
発行者　　及　川　直　志
印刷所　　株式会社ルナテック

〒101-0052　東京都千代田区神田小川町 3 の 24
発行所　電話 03-3291-7811（営業部）, 7821（編集部）　株式会社白水社
www.hakusuisha.co.jp
乱丁・落丁本は、送料小社負担にてお取り替えいたします。

振替　00190-5-33228　　Printed in Japan　　加瀬製本

ISBN978-4-560-08957-6

パスポート
初級タイ語辞典

宇戸清治 編

カナ発音と発音記号併記。基本語彙網羅・用例豊富・コラム充実。口語表現も多数掲載。巻末に分類別単語集、日本語引き小辞典付き。語数 5200。

B6 判

タイ語のかたち ［ワイド版］

山田均 著

タイ語の文字が解読できる、とびきり楽しい入門書。街にあふれる看板やメニューなどを素材にタイ文字に慣れてみよう。名前も書ける！　大きなタイ文字で、それぞれの文字の違いもクッキリわかる親切設計。おまけ音源は無料ダウンロード。

A 5 判

ニューエクスプレス＋ タイ語

水野潔 著

会話＋文法、入門書の決定版がパワーアップ。魅力的な文字に美しい声調をもち、文法はシンプル。近年、ますます身近になっているタイ語を、楽しくやさしく入門。音声アプリあり。

2色刷 A 5判【CD付】

書いて覚える
タイ語の初歩 ［増補新版］

水野潔、中山玲子 著

最初歩の入門書が待望の新版に！　書き込み式で、タイ文字を1字ずつ丁寧に解説、さらに「やさしい文法」で初級文法も習得。音声アプリあり。

A 5 判